素養導向
數學教學實務 **2**

謝如山 ——— 著

國立臺灣藝術大學 出版

五南圖書出版公司 印行

推薦序
Foreword

　　欣聞如山教授《素養導向 2》專書出版，還記得今年 3 月才拿到《素養導向 1》的贈書，事隔未久，又有一本專書，能為之序，榮幸之至。

　　如山教授與我同年進入本校服務，同梯的情誼至深、至切。如山教授於教學、研究、服務均有卓著貢獻，為本校優越的學術人才。

　　於教學領域，如山教授的專長領域在數學，數學是科學之母，對於本校學生的學習，能應用藝術與數學的結合。再者，數學可培養學生的邏輯思維，理性思考，為學習的基礎能力。最後，如山教授長期要求本校師培學生協助鄰近國小學生數學課程，已逾 20 年，其深知灼見在能協助國小學生啟發數學興趣，同時亦強化本校學生的數學能力，其仁義之舉，產生了多贏的成效。近期又因開設多元課程，幾何構圖科技，知曉近期研究專注於幾何科技與藝術的結合，AI 為目前發展的趨勢，期能將幾何科技應用於中小學領域，以嘉惠更多學子。

　　於研究領域，亦知如山教授發展探究數學課程，與國小教師合作，於新北市頂溪國小、宜蘭縣人文國小與桃園市林森國小，歷經十多年的實務研究。亦曾主持國科會計畫、教育部計畫、新北教育局計畫、桃園教育局計畫等，出版專書 9 本，期刊論文近 30 餘篇，於專業領域有顯著的貢獻。

　　於行政領域，如山教授擔任三任師培中心主任，第一任期間承辦高中藝術生活科，辦理藝術生活學科專門課程，本校為全國第一所藝術生活科認證學校，於暑假辦理藝術生活學分班，已培育超過 2,000 多名藝術生活科教師；並於任內創立藝術與人文教學研究所，擔任第一任所長。於第二任期間，任內負責教育部評鑑，中學與小學學程均獲一等殊榮。於第三任主任期間，承辦澳門藝術專班，成功招生，整合全校資源，如表演學院、設計學院、美術學院師資，為學校開拓新的教學與學習領域，並與澳門理工學院建立穩固的交流情誼。

於服務領域，如山教授於主任任內開始辦理史懷哲服務計畫，與師培教授一同於馬祖、南投、新竹，以及新北市偏遠地區，如東北角、西北角、三峽等區，帶領近 90 位師培學生進行藝術服務，辦理時間近十年。並創辦師資培育中心新生訓練、結業典禮、外埠參觀、正式教師實務分享會議等制度，而這些制度目前仍持續辦理中。

最後本書的成果源自於如山教授長期協助鄰近國小學生，及與國小教師研究發展課程的結晶，期待我的摯友，能持續他的專業，點亮更多的光輝。

國立臺灣藝術大學校長

鐘世凱 112.8.1

推 薦 序
Foreword

　　得知如山教授在數學教育、學校行政、評量與統計等領域學有專精，非常高興能為之序。

　　本書撰稿之初，有幸能先窺探《素養導向 1》與《素養導向 2》的原貌，全書的範圍涉略甚廣，從《素養導向 1》的數學教師專業、數學教學趨勢、數數、位值、整數的加法、減法、乘法、除法，到《素養導向 2》的因數與倍數、比與比值、分數、小數、統計與機率到幾何與空間概念等。應涵蓋了國小重要的數學概念，甚至有些教學內容已到國中的程度。

　　與如山教授有更多的接觸，是於本校所舉辦東亞地區校長學術研討會，於數次所發表的學術論文均與校長學高度相關，如校長的道德領導、願景領導及課程與教學領導。於此，如山教授所進行的研究取向，並非只重在數學教育專業領域，於學校行政領域，亦多有琢磨。

　　同時，在評量方面，對於真實評量於數學概念的應用，也有一些論述，如應用真實評量於數感概念，應用真實評量於時間概念等文，可看到他對於評量的專業。

　　再者，如山教授的統計專業，不但對於線性迴歸、變異數分析、結構方程模式有所涉略，亦專精於社會學統計領域的統計模式，如 latent class model、loglinear related models、the RC association models 等。期望能在未來看到他有相關統計專書的問世。

最後，我與如山教授一見如故，從他的待人處事，看到很多與我相似的地方。從他的身上看到誠懇與勤勉，在學術領域一直努力不懈，是值得一起相互鼓勵切磋的好朋友。我相信他能將最真實、有效益的專業傳遞給所需要的人，期待這本書能嘉惠更多的教育夥伴。

國立臺北教育大學教育經營與管理系系主任

張芳全　112.8.1

自 序
Preface

　　非常感謝本校鐘校長世凱與國立臺北教育大學張主任芳全能為本書撰寫推薦序,感念於心。

　　《素養導向 1》與《素養導向 2》的出版要感謝陳前校長志誠與呂館長允在的大力支持,並感謝五南張副總編毓芬與唐筠小姐的用心,才能將此書的全貌展現在讀者眼前。

　　本書的章節延續《素養導向 1》的撰寫架構,可分為六個章節,以下說明:

0. 質數、因數與倍數的教學實務:本章比較美國與臺灣 108 年課綱質數、因數與倍數課程標準,以及質數、因數與倍數的相關研究與教學活動。本章提供 15 個教學活動,如畢達哥拉斯學派的完全數、韓信點兵的因數倍數問題、使用撲克牌學習因數倍數的活動等。

1. 比與比例的教學實務:本章比較美國與臺灣 108 年課綱比與比例課程標準,以及比與比例的相關研究與教學活動。本章提供 13 個教學活動,如應用正方形分數板教比例概念、介紹基準量與比較量、介紹正反比的比例題型、繪製縮小圖與放大圖等。

2. 分數的教學實務:本章比較美國與臺灣 108 年課綱分數標準,以及分數的相關研究與教學活動。本章提供 18 個教學活動,如應用圓形分數板介紹整體 1 的分數概念、如何建立等值分數概念、分數四則運算概念,並介紹較高階的分數問題,如數學家丟番圖的解題概念。

3. 小數的教學實務:本章比較美國與臺灣 108 年課綱小數標準,以及小數的相關研究與教學活動。本章提供 33 個教學活動,如建立小數與分數的關係,應用長度、面積與體積模式介紹小數,介紹小數四則運算,包括整數與小數、分數與小數及小數與小數的運算,最後則為小數與時間、小數與百分率,以及小數在生活的應用等。

4. 統計與機率的教學實務：目前臺灣於統計與機率的課程設計於國小、國中領域，均需進行調整，故本章比較美國與臺灣 108 年課綱統計與機率標準，對臺灣目前的統計與機率提出具體的建議。本章亦提出統計與機率的相關研究與教學活動。提供 31 個教學活動，如統計方式與圖形——長條圖、折線圖、圓形圖等。於國中階段可介紹集中量數，如眾數、中位數、平均數，也可介紹莖葉圖、盒狀圖等。亦提出如何介紹統計分配、變異數、相關圖形，與如何進行問卷設計、進行科學的統計實驗等。於機率部分，介紹模擬機率與機率在生活的應用等。

5. 幾何與空間的教學實務：目前臺灣於幾何與空間的課程設計於國小、國中領域，均有相當的修正空間，故本章比較美國與臺灣 108 年課綱幾何與空間標準，對臺灣目前的幾何與空間提出具體的建議。本章亦提出幾何與空間的相關研究與教學活動。本章提供 29 個教學活動，如二維、三維圖形的特徵，如何應用教具如釘板介紹四邊形的特徵，應用智慧片找出正立方體展開圖，應用七巧板、五方連塊做出所需的圖形；再者，介紹扣條做出不同的三角形、四邊形與透視圖，亦可找出圓周率等；另介紹柏拉圖的正多面體、正立方體的旋轉軸、對稱圖形的旋轉，以及畫出點對稱圖形與圖形的平移等。

　　本書六個章節大部分為國小高年級或至國中的課程，對於國中小課程的銜接，或對於較困難的數學概念，提供了一些教學建議。而本書的疏漏之處，亦可聯繫作者，以供後續的修正參考。

　　最後，感謝我的家人，我的妻子給我最大的支持，感謝我的父親謝志勇校長，給我專業的肯定，讓我一直在專業上精進。

國立臺灣藝術大學師資培育中心

謝 如 山

112.8.1

目　錄
Contents

比與比例的教學實務

2

分數的教學實務

3

小數的教學實務

統計與機率的教學實務

第0章

質數、因數與倍數的教學實務

　　有鑑於臺灣 108 年提出十二年國民基本教育提升數學素養的重要（教育部，2018），本章整理質數、因數與倍數的課程標準，以及相關的文獻與相對應的教學活動。

一、課程標準：NCTM（2000）與教育部（2018）的比較

數與計算向度	6-8 NCTM	臺灣數學能力指標
理解數字，數字的表徵方式，數字的關係與數字的系統。	·能使用因數、倍數、質因數與質數互質的性質來解題。	N-5-3　公因數和公倍數：因數、倍數、公因數、公倍數、最大公因數、最小公倍數的意義。 N-6-1　20以內的質數和質因數分解：小於20的質數與合數。2、3、5的質因數判別法。以短除法做質因數的分解。 N-6-2　最大公因數與最小公倍數：質因數分解法與短除法。兩數互質。運用到分數的約分與通分。 N-7-1　100以內的質數：質數和合數的定義；質數的篩法。 N-7-2　質因數分解的標準分解式：質因數分解的標準分解式，並能用於求因數及倍數的問題。

　　於 6-8 美國課程標準，數與計算向度的指標為使用因數、倍數、質因數與質數互質的性質來解題，教學的年級為六至八年級。而臺灣的課程標準有 5 個指標，分別於五至七年級對因數與倍數的內容設計。如：

　　N-5-3：學生需理解因數、倍數、公因數、公倍數、最大公因數與最小公倍數的意義，即教師需協助學生理解因數與倍數的使用時間與需求。學生於五年級還不需要使用短除法。

　　N-6-1：明確規範學生需對 20 以內的質數和質因數進行分解，須使用短除法做質因數分解。

　　之後於 N-6-2，學生要能找到最大公因數與最小公倍數，使用質因數分解法與短除法來解題。

　　對於 N-7-1 學生要能找到 100 以內的質數，之後學生需應用 N-7-2 的質因數分解的標準分解式，解決因數與倍數的問題。從臺灣的課程標準來看，學習因數與倍數的關鍵概念，在於質因數分解。能快速解決問題的方法，則為短除法與質因數的標準分解式。而標準分解式是在七年級。

二、質數、因數與倍數的學習

　　因數與倍數的概念，最有名的故事就是「韓信點兵」了，以下摘錄之。

　　　「卿部下有多少兵卒？」漢皇帝劉邦單刀直入地問道。
　　　「敬稟陛下，兵不知其數，三三數之剩二，五五數之剩三，七七數之剩二。」楚王韓信答道。
　　　大漢皇帝劉邦酒醒了幾分，本來按照張良的計畫，這次皇帝巡狩雲夢大澤，是要趁機捉拿韓信。如今韓信奉召在座，只要一聲令下，間壁伏下的甲士便可動手了。可是，問題中的問題是：韓信手下有多少兵卒？會不會引起大亂？陳平使盡神機也查不明白兵數。動手？不動手？真是猶豫難決的事。現在乘著酒酣耳熱，單刀直入地問了。結果是什麼「三三數之剩二，五五

數之剩三，七七數之剩二」？多少兵？劉邦帶著詢問的臉色，望著張良。

　　張良正在心中緊張地搬運「籌策」計算，滿臉迷惑。當他接觸到皇帝的目光，立刻低聲而惶恐地回答：「兵數無法算，不可數！」

　　從上述的問題，到底有多少的數量符合：三個三個一數剩下二個，五個五個一數剩下三個，七個七個一數剩下二個呢？如果先從三個與七個一數，均剩下二個來看，三與七的公倍數爲多少，爲 21，均剩下二個，爲 23，若是除以五，剛好剩下三個。所以最小符合數量的是 23。

　　那下一個符合數量的數字是多少呢？可從 3、7 的倍數來看，21、42、63……，從這些數量來推，即可找出符合條件的數量。

　　因數與倍數概念，在生活的使用相當多元，於 108 年課綱（教育部，2018），五年級學童要對因數、倍數、公因數與公倍數概念能理解與應用；六年級學童要對最小公倍數與最大公因數、質因數分解法與短除法，能理解兩數互質的概念。並能運用分數的約分與擴分。

　　從因數概念來看，因數是討論一個整體量，可以被哪些整數整除，沒有剩下的意義。例如：探討 12 的因數概念，可以發現 12 可以被 1 整除、被 2 整除、被 3 整除、被 4 整除、被 6 整除與被 12 整除。所以，1、2、3、4、6 與 12 都可被視爲 12 的因數。

　　倍數概念是討論一個整體量，可以經由整數的乘法倍數運算，產生整體量的倍數。例如：探討 12 的倍數時，以「12」爲整體量的倍數可以衍生 12、24……，這些以「12」爲整體量的整數乘積所生成的正整數，稱爲「12」的倍數。

(一) 質數、因數與倍數的定義

依據教育部（1993）數學課程綱要對於因數與倍數概念的定義為：「一不為零的整數甲若能整除另一整數乙，甲稱為乙的因數，乙稱為甲的倍數。」之後又規範了於國小階段只學習正因數、正倍數，於國中階段才引進負因數與負倍數的學習。之後教育部（2003）的數學綱要定義為：「一正整數a若能整除另一正整數b，a稱為b的因數，b稱為a的倍數。」

謝堅（1995）則由除法觀點來討論因數的意義，即以總量為起點，找出總量可能組成的單位量有哪些。例如12，其因數有1、2、3、4、6、12，即可看出12可被切分為：12個1、6個2、3個4、4個3、2個6、1個12。

相對於因數，倍數的名詞對於學生而言較為熟悉。於學童開始接觸因數概念之前，他們在小學二年級時，即學習過「幾的幾倍」的概念，因此倍數概念較因數而言更為容易。

從除法運算，學童若在除法的運算有困難，則在尋找因數與倍數概念也會有學習問題（陳博文，1996）。這個結果對於尋找因數的過程，在於倍數除以因數，再經整除的過程（Gray & Tall, 1993）。朱建正（1997）發現此種概念含有隱藏的知識（tacit knowledge），但在教學中未被發現。要解釋這樣的關係，如用 $18 \div 3 = 6$，學童所學到的6是商數，3是除數；然而，在因數與倍數概念，3與6都是18的因數。於三年級階段，學生並不會接觸。

黃國勳與劉祥通（2003）認為因數與倍數的概念，是對於一個整體量小於與大於的關係，如12的因數是3和4，而12的倍數是24與36。故從數字12的因數與倍數關係來看，數字關係是一體兩面的數學概念。以因數的概念階層來看，因數是由整數乘除法等元素構成，這些元素為「子概念」或「下屬概念」（sub-concept）。

相對的，因數概念則為其子概念的「上位概念」（superconcept）。概念與概念之間具有階層關係，依序分為 (1) 理解因數概念，學童才能列出一數的所有因數，由公因數到最大公因數；(2) 理解倍數概念，學童才

能列出數的倍數，由公倍數到最小公倍數；(3) 從乘除運算、分數表徵、比例以及數列規律等，找出因倍數關係；(4) 將因倍數觀念應用於生活問題，找出解決問題的策略，如有些學者發展因數與倍數的情境教學，以提升學生對因數與倍數的學習（謝如山與潘鳳琴，2012）。

(二) 因數與倍數的學習困難

學童理解因數概念，一直是教師困擾的單元。相關研究（林珮如，2002；陳標松，2003；蕭金土，1995）指出：學童在學習因數時存有些許迷思概念，在於無法理解因數概念，產生學習上的瓶頸。

黃國勳與劉祥通（2003）從教學實務和診斷學童因數迷思概念的實例，發現五年級學童學習因數時，可能在認知運思能力、先備知識、生活經驗、語意理解和過程概念（pro-cept）等五個層面，產生學習困難。從認知運思能力、語意理解和生活經驗三個層面，因數概念是由整除定義而來，為二層次的抽象概念，定義因數時「被誰整除」或「整除誰」的說法，不僅產生理解的困擾，於判斷因倍數關係也易產生混淆。

因此本章於後面的活動設計從發現質數、因數到倍數，再使用因數與倍數的教具古氏數棒操作，到撲克牌遊戲，以建立學生的因數與倍數概念，最後再以韓信點兵的故事，協助學生應用因數與倍數概念。

三、質數、因數與倍數的教學

質數、因數與倍數的教學為五年級至七年級。

(一) 質數、因數與倍數的教學活動階層

質數、因數與倍數的教學活動階層可分為三個部分。

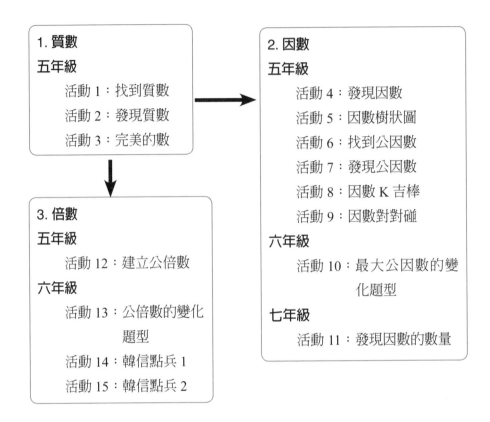

(二) 質數的教學活動

以下列舉質數的 3 個教學活動：

活動 1 是找到質數，這是五年級常見的活動，即列出 1 到 100 的百數表，請學生找出質數。

活動 2 是發現質數，學生可用排列的方式，若只有兩種排列方法，則就是質數。

活動 3 是完美的數，若因數的總和與原本的數相同，則是完美的數，如 6 的因數為 1、2、3，而 $1 + 2 + 3 = 6$，則其和為 6，6 即為完美的數。

活動 1 找到質數

教學概念

　　若一個大於 1 的整數除了 1 和本身這兩個因數以外沒有其他的因數，則稱此數為質數，如 2、3、5、7、11 等。

學習單設計

　　請圈出 100 以下是質數的數字：

1	11	21	31	41	51	61	71	81	91
2	12	22	32	42	52	62	72	82	92
3	13	23	33	43	53	63	73	83	93
4	14	24	34	44	54	64	74	84	94
5	15	25	35	45	55	65	75	85	95
6	16	26	36	46	56	66	76	86	96
7	17	27	37	47	57	67	77	87	97
8	18	28	38	48	58	68	78	88	98
9	19	29	39	49	59	69	79	89	99
10	20	30	40	50	60	70	80	90	100

　　參考答案

　　請標出 100 以下是質數的數字（粗黑）：

1	**11**	21	**31**	**41**	51	**61**	**71**	81	91
2	12	22	32	42	52	62	72	82	92
3	**13**	**23**	33	**43**	**53**	63	**73**	**83**	93
4	14	24	34	44	54	64	74	84	94
5	15	25	35	45	55	65	75	85	95
6	16	26	36	46	56	66	76	86	96
7	**17**	27	**37**	**47**	57	**67**	77	87	**97**

8	18	28	38	48	58	68	78	88	98
9	**19**	**29**	39	49	**59**	69	**79**	**89**	99
10	20	30	40	50	60	70	80	90	100

活動 2　發現質數

教學概念

　　小華爲了要排列所蒐集的貼紙，將貼紙排得整整齊齊的。如果有 2 張貼紙，他可以排成一排一個，也可以排成一行兩個。如果他的貼紙數目如下，及每一排的數量要一樣，你覺得每個數目貼紙最多有多少種排法呢？看看哪些貼紙只有兩種排法，就是質數。

教具使用

　　貼紙或白色的數棒

教學順序

1. 如果你有 1 到 20 的數棒，請找出哪些數棒只有兩種排法？

1	2	3	4	5	6	7	8	9	10	11	12	13	14	15	16	17	18	19	20

　　答案：質數爲 2、3、5、7、11、13、17、19。

　　　　2：只可排出 2 個 1 與 1 個 2。是質數。

　　　　3：只可排出 3 個 1 與 1 個 3。是質數。

　　　　4：可排出 4 個 1、1 個 4 與 2 個 2。是合數。

　　　　5：只可排出 5 個 1 與 1 個 5。是質數。

　　　　6：可排出 6 個 1、1 個 6、2 個 3 與 3 個 2。是合數。

　　　　7：只可排出 7 個 1 與 1 個 7。是質數。

　　　　8：可排出 8 個 1、1 個 8、2 個 4 與 4 個 2。是合數。

9：可排出 9 個 1、1 個 9、3 個 3。是合數。

10：可排出 10 個 1、1 個 10、2 個 5 與 5 個 2。是合數。

11：只可排出 11 個 1 與 1 個 11。是質數。

12：可排出 12 個 1、1 個 12、3 個 4、4 個 3、2 個 6 與 6 個 2。是合數。

13：只可排出 13 個 1 與 1 個 13。是質數。

14：可排出 14 個 1、1 個 14、2 個 7 與 7 個 2。是合數。

15：可排出 15 個 1、1 個 15、3 個 5 與 5 個 3。是合數。

16：可排出 16 個 1、1 個 16、2 個 8、8 個 2 與 4 個 4。是合數。

17：只可排出 17 個 1 與 1 個 17。是質數。

18：可排出 18 個 1、1 個 18、2 個 9、9 個 2、3 個 6 與 6 個 3。是合數。

19：只可排出 19 個 1 與 1 個 19。是質數。

20：可排出 20 個 1、1 個 20、2 個 10、10 個 2、4 個 5 與 5 個 4。是合數。

2. 你能預測下面的數字有多少種排法嗎？

(a)30　(b)40　(c)50　(d) 60　(e)70　(f)80　(g)90　(h)100

答案：

30：$1 \times 30 = 30 \times 1$；$2 \times 15 = 15 \times 2$；$3 \times 10 = 10 \times 3$；$5 \times 6 = 6 \times 5$。共有 8 種排法。

40：$1 \times 40 = 40 \times 1$；$2 \times 20 = 20 \times 2$；$4 \times 10 = 10 \times 4$；$5 \times 8 = 8 \times 5$。共有 8 種排法。

50：$1 \times 50 = 50 \times 1$；$2 \times 25 = 25 \times 2$；$5 \times 10 = 10 \times 5$。共有 6 種排法。

60：$1 \times 60 = 60 \times 1$；$2 \times 30 = 30 \times 2$；$3 \times 20 = 20 \times 3$；$4 \times 15 = 15 \times 4$；$5 \times 12 = 12 \times 5$；$6 \times 10 = 10 \times 6$。共有 12 種排法。

70：$1 \times 70 = 70 \times 1$；$2 \times 35 = 35 \times 2$；$5 \times 14 = 14 \times 5$；$7 \times 10 = 10 \times 7$。共有 8 種排法。

80：$1 \times 80 = 80 \times 1$；$2 \times 40 = 40 \times 2$；$4 \times 20 = 20 \times 4$；$5 \times 16 = 16 \times 5$；$8 \times 10 = 10 \times 8$。共有 10 種排法。

90：$1 \times 90 = 90 \times 1$；$2 \times 45 = 45 \times 2$；$3 \times 30 = 30 \times 3$；$5 \times 18 = 18 \times 5$；$6 \times 15 = 15 \times 6$；$9 \times 10 = 10 \times 9$。共有 12 種排法。

100：$1 \times 100 = 100 \times 1$；$2 \times 50 = 50 \times 2$；$4 \times 25 = 25 \times 4$；$5 \times 20 = 20 \times 5$；$10 \times 10 = 10 \times 10$。共有 9 種排法。

活動 3　完美的數

教學概念

　　上帝利用 6 天的時間創造了世界；月亮繞行地球僅須 28 天；6 和 28 的數字是否有特別之處呢？古希臘人以「完全」替代 6 和 28，因為他們認為這些數是最完美的，為什麼呢？（曹宏熙，1986）本活動需先列出所有的因數，才有辦法判斷完美的數、缺乏的數與過多的數。

活動說明

　　畢達哥拉斯及其門徒稱 6 為完全數（或稱為完美數），因為其為真因數的和。你可以找出下列的數字哪一個數是：A. 完美的數，B. 缺乏的數與 C. 過多的數。例如：6 是一個完美的數，因為它的因數除了它自己本身之外，1、2、3 的相加總合為 6，與它本身的數字和剛好，所以是 A；如果是 2，因為因數只有 1，小於 2，所以是缺乏的數，就是 B；如果是 12，則因數為 1、2、3、4、6，相加的總和為 16，超過 12，所以是過多的數，就是 C。你還可以找出哪些是完美的數嗎？

教學順序

1. 根據因數的定義，那麼 0 一定有很多因數了。你來評判看看這樣的論點是否正確？

　　A：任何數乘 0 都是 0，所以 0 是任何數的倍數，而不是因數。

2. 你認為 1 是什麼數？它是一個完美的數嗎？

　　A：1 不是質數，除了自己，沒有因數，所以不是完美的數。

3. 什麼是質數？學生明山說：「只要把質數劃掉，剩下的數都完美了。」
　　你認為正確嗎？

　　A：不是，因為 1 到 30，完美的數只有 6 與 28。

4. 請評斷 247 是什麼數？

　　A：合數，因數：1、13、19、247。

5. 你發現奇數有沒有完美的數？

　　A：沒有。

學習單設計

請列出以下數字除了自身以外的因數

數字	因數	總和	類型	數字	因數	總和	類型	數字	因數	總和	類型
1				11				21			
2				12				22			
3				13				23			
4				14				24			
5				15				25			
6	1, 2, 3	6	A	16				26			
7				17				27			
8				18				28			
9				19				29			
10				20				30			

答案

數字	因數	總和	類型	數字	因數	總和	類型	數字	因數	總和	類型
1	1	1	－	11	1	1	B	21	1, 3, 7	11	B
2	1	1	B	12	1, 2, 3, 4, 6	16	C	22	1, 2, 11	14	B
3	1	1	B	13	1	1	B	23	1	1	B
4	1, 2	3	B	14	1, 2, 7	10	B	24	1, 2, 3, 4, 6, 8, 12	36	C
5	1	1	B	15	1, 3, 5	9	B	25	1, 5	6	B
6	1, 2, 3	6	A	16	1, 2, 4, 8	15	B	26	1, 2, 13	16	B
7	1	1	B	17	1	1	B	27	1, 3, 9	13	B
8	1, 2, 4	7	B	18	1, 2, 3, 6, 9	21	C	28	1, 2, 4, 7, 14	28	A
9	1, 3	4	B	19	1	1	B	29	1	1	B
10	1, 2, 5	8	B	20	1, 2, 4, 5, 10	22	C	30	1, 2, 3, 10, 15	31	C

(三) 因數的教學活動

下列舉 8 個因數的教學活動。

活動 4 為發現因數：學生可使用古氏數棒來發現因數的個數，如 10，學生可用 1、2、5、10 的數棒來填滿 10 這個數字。

活動 5 為因數樹狀圖：可用樹狀圖的概念來分解因數，以建立學生對因數的概念。

活動 6 為找到公因數：當有兩個數字時，學生要能找到這兩個數字的共同因數，即建立公因數概念，學生亦可使用古氏數棒來找到公因數。

活動 7 為發現公因數：本活動主要建立倍數與公因數的關係。學生可發現 2、3、6 的倍數為 6、12、18……，進而發現 6、12、18 的因數都有 2、3、6，可發現 6 為這些倍數的最大公因數。

活動 8 為因數 K 吉棒：本活動引自黃國勳與劉祥通（2005）所設計

的因數遊戲，以撲克牌來發現因數的活動。

　　活動 9 為因數對對碰：本活動引自黃國勳與劉祥通（2005）所設計的因數配對活動，建立學生的因數概念。

　　活動 10 為最大公因數的變化題型：歸納出 5 種變化題型，分別為平均分裝題型、平分人數題型、面積問題、體積問題與植樹問題。

　　活動 11 為發現因數的數量，為七年級的範圍，本活動主要說明因數個數的原理，以協助學生對因數個數策略的理解。

活動 4　發現因數

教學概念

　　發現因數的活動可使用古氏數棒進行因數的實作，本活動在於協助學生建立因數概念。學生可由數棒的 10 種顏色，建立因數的基本概念。本活動僅以 10 與 12 舉例，其他的數字則可類推。

教具使用

　　古氏數棒

教學順序

1. 請發現 10 的因數有哪些？

　　a. 學生可發現使用 10 個白色數棒可填滿橘色數棒

　　　　　　$1 \times 10 = 10$

　　b. 學生亦可發現使用 5 個紅色數棒可填滿橘色數棒

　　　　　$2 \times 5 = 10$

　　c. 學生亦可發現使用 2 個黃色數棒可填滿橘色數棒

　　　　　$5 \times 2 = 10$

所以因數有 1、2、5、10。

2. 請找出 12 的因數。

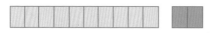

a.

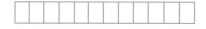　　　　$12 \times 1 = 12$

b.

　　　　$2 \times 6 = 12$

c.

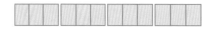　　　　$3 \times 4 = 12$

d.

　　　　$4 \times 3 = 12$

e.

　　　　$6 \times 2 = 12$

所以因數有 1、2、3、4、6、12。

活動 5 因數樹狀圖

教學概念

　　因數樹狀圖，是將一個大於 1 的整數，拆解成 2 個相乘的數字，之後再將這 2 個數字陸續找出可相乘的數字，例如：56，你可以將 56 分割為下面的樹狀圖。若為 36、48、82，你可以用類似的方法進行分割嗎？

你可以將 48 的因數樹狀圖找出來嗎？

活動 6　找到公因數

教學概念

　　公因數是國小五年級應要學到的數量關係，就是兩個數字，可以共同被整除的數字。例如：12 與 18 共同被整除的數字是 3，所以 3 就是 12 與 18 的共同因數。

教具使用

　　古氏數棒

教學順序

請找出 12 與 18 的共同因數。

　　老師：請找出可以同時排滿 12 與 18 的共同因數。

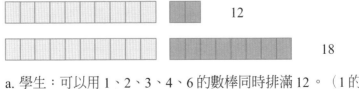

　　a. 學生：可以用 1、2、3、4、6 的數棒同時排滿 12。（1 的數棒省略）

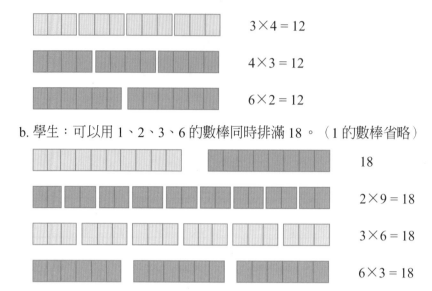

$3 \times 4 = 12$

$4 \times 3 = 12$

$6 \times 2 = 12$

b. 學生：可以用 1、2、3、6 的數棒同時排滿 18。（1 的數棒省略）

18

$2 \times 9 = 18$

$3 \times 6 = 18$

$6 \times 3 = 18$

所以 12 與 18 的共同因數為 1、2、3、6。

活動 7　發現公因數

　　從下面的數字，發現哪一個數是 2、3、6 的倍數。是 2 的倍數打□，是 3 的倍數打圈，是 6 的倍數打勾。

1	2	3	4	5	6	7	8	9	10
11	12	13	14	15	16	17	18	19	20
21	22	23	24	25	26	27	28	29	30
31	32	33	34	35	36	37	38	39	40
41	42	43	44	45	46	47	48	49	50
51	52	53	54	55	56	57	58	59	60
61	62	63	64	65	66	67	68	69	70
71	72	73	74	75	76	77	78	79	80
81	82	83	84	85	86	87	88	89	90
91	92	93	94	95	96	97	98	99	100

提問 1

　　哪些數字的公因數是 6？這些數字的最大公因數是？

答案：

1. 6、12、18、24、30、36、42、48、54、60、66、72、78、84、90、96。

2. 6。

提問 2

　　這些數字一定也有 2 與 3 的公因數嗎？

答案：是。

提問 3

　　你還可以找出哪些數字是 12 的倍數，以及那些數字的公因數？

答案：

1. 12、24、36、48、60、72、84、96。

2. 2、3、6、12。

活動 8 因數 K 吉棒

教學概念

　　本活動為黃國勳與劉祥通（2005）所設計的因數遊戲，目的為協助學生進行因數的計算，建立學生因數概念。

教具使用

　　撲克牌

遊戲規則

a. 四人一組。

b. 將所有的牌依序發完，每人均得 13 張。

c. 拿到黑桃 2 的同學先出牌，不限定出牌的花色與點數。

d. 第二位出牌者，需為第一位出牌點數的因數即可，如第一位出牌者出 5，則第二位出牌者僅能出 1 或 5 點，若沒有對應的點數，則直接換下一位同學出牌。

e. 若沒有人可出牌時，則由最後一位跟牌的同學出新的點數，例如：第一位同學出 5，第二位同學出 1，第三位同學出 5，第四位同學沒有牌，直接換第一位同學，第一位同學出 1，第二位同學出 5，若其他同學都沒有 1 或 5，則直接請第二位同學出新的點數。

f. 看誰的牌先出完，即獲勝，之後由剩下的三位同學繼續出牌，分出勝負。

活動 9 因數對對碰

教學概念

　　本活動為黃國勳與劉祥通（2005）所設計的因數遊戲，目的為協助學生進行因數配對，建立學生因數概念。

教具使用

　　撲克牌

轉換牌數

1:1	2:2	3:3	4:4	5:5	6:6
7:18	8:8	9:9	10:24	J:36	Q:12
K:72					

遊戲規則

a. 四人一組。

b. 將所有的牌依序發放，每人 6 張。

c. 剩下牌翻出 4 張可供配對，其餘牌放置於中間。

d. 發牌的對家先出牌，先看手上的 6 張牌，與桌面上所翻出的牌是否可配對，若可爲所翻出牌數的因數，則將 2 張牌取走，之後再從桌面中間的牌再翻出 1 張，若這一張牌，亦可與桌面上的 3 張牌配對，爲其因數，則可將 2 張牌取走；但若所翻出的牌無法與桌面的 3 張牌有因數配對，則需將所翻出的 1 張牌置於桌面上。之後依順時針方向請下一家出牌。

e. 當第二位出牌時，若桌上的 4 張牌，無法與手上的牌有因數的配對關係，則需將手上的牌選 1 張打出，此時桌面上的牌應有 5 張，這時再從中間的牌翻出 1 張牌，若所翻出的牌可與桌上的 5 張牌，湊成因數的配對，則可將 2 張牌取回，若所翻出的牌無法與桌上的牌有因數的配對關係，則需將所翻出的牌置於桌面上，之後請第三位出牌。

f. 當所有的中間牌，依上述規則取完後，則此局就結束。這時，可算出哪位同學的牌數最多，最多者獲勝。

活動 10 最大公因數的變化題型

教學概念

　　最大公因數的變化題型，可有分裝問題、面積問題等。

提問順序

 **提問 1** 平均分裝

　　神奇水果店將三種水果裝成禮盒，和歌山水蜜桃有 18 顆，美人蘋果 24 顆，黑金剛蓮霧有 30 顆，若要裝最多盒，每盒的和歌山水蜜桃、美人

蘋果與黑金剛蓮霧的數量要相同，請問最多可裝幾盒？每盒有幾顆和歌山水蜜桃、美人蘋果與黑金剛蓮霧的數量？

答案：每盒都要有同樣數量的和歌山水蜜桃、美人蘋果與黑金剛蓮霧，所以要求的是：18、24 與 30 的最大公因數。

方法 1：使用列舉法

步驟 1：可先將所有 18 的因數列出：1、2、3、6、9、18。

步驟 2：再將 24 的因數列出：1、2、3、4、6、8、12、24。

步驟 3：最後將 30 的因數列出：1、2、3、5、6、10、15、30。

步驟 4：可發現 18、24、30 的共同因數為 1、2、3、6。所以最大因數為 6。

方法 2：使用乘法心算

步驟 1：可發現 $18 = 6 \times 3$。

步驟 2：可發現 $24 = 6 \times 4$。

步驟 3：可發現 $30 = 6 \times 5$。

步驟 4：可直接看出最大的共同因數為 6。

所以可分 6 盒，每盒有 3 顆和歌山水蜜桃、4 顆美人蘋果與 5 顆黑金剛蓮霧。

提問 2　平分人數

數學家營隊有男生 24 人、女生 32 人報名，若每組男生與女生人數須一樣多，請問最多可分成幾組，最少可分成幾組呢？

答案：每組都要有同樣的男生與女生人數，所以要求的是 24 與 32 的公因數。最多可分幾組與最少可分幾組，可從共同的因數來尋找。

使用列舉法

步驟 1：將 24 的因數列出：1、2、3、4、6、8、12、24。

步驟 2：將 32 的因數列出：1、2、4、8、16、32。

步驟 3：可發現 24、30 的共同因數為 1、2、4、8。

最少只分 1 組，則有 24 位男生與 32 位女生。

最多可分 8 組，每組有 3 位男生與 4 位女生。

提問 3　面積問題

有一張海報紙，長 1,140 公分、寬 840 公分，想要裁切成每邊都一樣長的正方形，要使正方形的面積最大，請問正方形的邊長多少？可以裁成幾個正方形？

答案：

　　步驟 1：先找到 1,140 的因數。1,140=10×3×2×19。

　　步驟 2：再找到 840 的因數。840 =10×3×2×14。可發現最大公因數為 60，正方形邊長為 60。

　　步驟 3：可發現 1,140 與 840 的最大公因數為 10×3×2。即長邊 1,140 公分可分成 19 段 60 公分，短邊 840 公分可分成 14 段 60 公分，所以可裁成 19×14 = 266 個正方形。

提問 4　體積問題

李廣想用大小相同的正立方體積木填滿內部長 64 公分、寬 48 公分、高 32 公分的紙箱，他所用的正立方體積木，邊長最大可能是多少公分？此時需要多少個積木才能填滿整個箱子？

答案：可用短除法求 64、48 與 32 的最大公因數

$$
\begin{array}{r}
4\,\big|\,\underline{64\ 48\ 32} \\
4\,\big|\,\underline{16\ 12\ \ 8} \\
4\ \ \ 3\ \ \ 2
\end{array}
$$

可發現最大公因數為 4×4 =16 公分，需要 4×3×2 = 24 個立方體積木。

提問 5 植樹問題

有一個任意四邊形的公園，四邊長分別是 120 公尺、144 公尺、156 公尺與 216 公尺，要在公園的四周裝設路燈，每盞路燈的距離相等，且公園的四個頂點也要有路燈，請問最少要設多少路燈？

答案：可用短除法求 120、144、156 與 216 的最大公因數

$$4\underline{|120\ 144\ 156\ 216}$$
$$3\underline{|\ 30\quad 36\quad 39\quad 54}$$
$$\quad\ \ 10\quad 12\quad 13\quad 18$$

可發現最大公因數為 $4 \times 3 = 12$ 公尺，需要 $10 + 12 + 13 + 18 = 53$ 盞路燈。

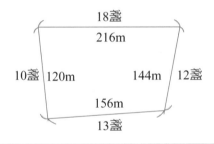

活動 11 發現因數的數量（指數 +1）

教學概念

發現因數的數量，可使用短除法。使用質因數分解找出指數，使用指數加 1 的方式，即可找出因數的個數。

教學順序

以 24 為例，使用短除法如下

$$2 \lfloor 24$$
$$2 \lfloor 12$$
$$2 \lfloor 6$$
$$3$$

可發現 $24 = 2^3 3^1$，2 的指數為 3，3 的指數為 1，用 $(3+1)(1+1) = 8$。其原理為

$2^3 = 8$
$2^2 = 4$
$2^1 = 2$　　$3^1 = 3$
$2^0 = 1$　　$3^0 = 1$

其因數的組合方式為

$2^0 \times 3^0 = 1$；$2^0 \times 3^1 = 3$；

$2^1 \times 3^0 = 2$；$2^1 \times 3^1 = 6$；

$2^2 \times 3^0 = 4$；$2^2 \times 3^1 = 12$；

$2^3 \times 3^0 = 8$；$2^3 \times 3^1 = 24$。

故 24 的因數分別為 1、2、3、4、6、8、12、24，共 8 個。

(四) 倍數的教學活動

以下列舉 4 個倍數的教學活動。

活動 12 在建立公倍數概念：公倍數是兩個數字的共同倍數概念，如 4 與 5 的最小公倍數是 20，本活動在於使用古氏數棒以協助學生建立公倍數概念。

活動 13 為公倍數的變化題型：本活動提供 6 種變化題型，分別為面積問題、工作問題、錢數問題 1、錢數問題 2、植樹問題、求分數的最小公倍數等。其中分數的最小公倍數為七年級的範圍。

活動 14 為韓信點兵 1：介紹《孫子算經》的中國剩餘定理。

活動 15 為韓信點兵 2：介紹韓信點兵的條件為千餘人，依中國剩餘定理找出符合條件的人數。

活動 12　建立公倍數

教學概念

公倍數是國小五年級要學到的數量關係，就是兩個數字，可以同時是一個數字的倍數。例如：4 與 5 的共同倍數就是 20，所以 4 與 5 可以同時被 20 整除。

教具使用

古氏數棒

教學順序

1. 請找出 4 與 5 的共同倍數。

老師：請找出可以同時排滿 4 與 5 的數棒。

排列方式：

a. 使用 4 紫色數棒與 5 黃色數棒，先觀察 4 與 5 兩個數棒，4 比 5 小，所以就在 4 的數棒，再加一個 4 的數棒，之後變成 8。

b. 之後 8 比 5，5 比較小，於 5 的數棒再加一個 5 的數棒，之後變成 10。

c. 之後 10 與 8 相比，8 又比較小，所以在 8 的數棒再加一個 4 的數棒，之後變成 12。

d. 之後 12 比 10，10 比較小，所以在 10 的數棒再加一個 5 的數棒，之後變成 15。

e. 之後 15 比 12，12 比較小，於 12 的數棒再加一個 4 的數棒，變成 16。

f. 之後 16 比 15，15 比較小，於 15 的數棒再加一個 5 的數棒，就變成

20。

　g. 之後 20 比 16，16 比較小，再加一個 4 的數棒，就變成 20，這時變
　　 成 20 比 20。即紫色的數棒 4 有 5 個，黃色的數棒 5 有 4 個，就會變
　　 成一樣長，如圖，這就是 4 與 5 的最小公倍數。

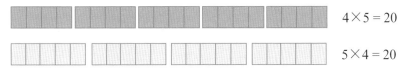

$4 \times 5 = 20$

$5 \times 4 = 20$

2. 可請學生使用數棒繼續找出 5 與 6 的最小公倍數。

活動 13　公倍數的變化題型

提問 1　面積問題

　　李晴老師將長 4 公分、寬 3 公分的長方形紙板拼成一個正方形，若所
拼的正方形邊長最多不超過 40 公分，請問需要多少塊長方形紙板？

答案：

　　步驟 1：先找到 4 與 3 的共同倍數。$4 \times 3 = 12$。

　　步驟 2：再找到最大不超過 40 的最大倍數。$40 \div 12 = 3 \cdots 4$。12×3
　　　　　 $= 36$。

　　步驟 3：可發現 36 為 4 的 9 倍，及 36 為 3 的 12 倍。即 $36 \div 4 = 9$，
　　　　　 $36 \div 3 = 12$。

　　步驟 4：可將 $9 \times 12 = 108$，為 108 塊長方形紙板。

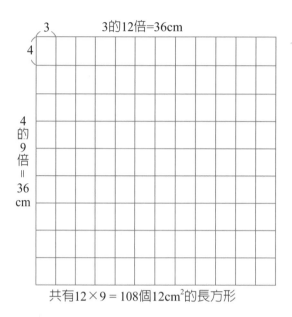

3的12倍=36cm

3

4

4的9倍=36 cm

共有12×9 = 108個12cm²的長方形

提問2　工作問題

　　麗華與文彬兩位情侶，麗華工作每 3 天休 1 天，文彬每 5 天休 1 天，若今年 1 月 1 日兩人同時休假，請問兩人再次休假是幾月幾號？

答案：每 3 天休 1 天，每 5 天休 1 天，可有如下的表格 [4, 6] = 12。

1	2	3	4	5	6	7	8	9	10	11	12	13	14	15
✓				✓				✓				✓		
✓						✓						✓		

　　從表格可以發現 1 月 13 日為兩人共同休息的日期。

提問3　錢數問題 1

　　欣慧有一些零錢，每 3 元一數、每 5 元一數、每 7 元一數，都不足 2 元，請問欣慧最少有多少零錢？

答案：

　　步驟 1：題目為每 3 元一數，不足 2 元，表示當所有錢數為 3 的倍數
　　　　　　時，需少 2 元，如 6 元為 3 的倍數，餘數不足 2 元，即需減
　　　　　　2 元，為 4 元，$4 \div 3 = 1 \cdots 1$，其餘數為 1，即不足 2 元。

　　步驟 2：每 3 元一數、每 5 元一數、每 7 元一數，即需找出 3、5、7
　　　　　　的最小公倍數。$[3, 5, 7] = 3 \times 5 \times 7 = 105$。

　　步驟 3：$105 - 2 = 103$，$103 \div 3 = 34 \cdots 1$，$103 \div 5 = 20 \cdots 3$，$103 \div 7$
　　　　　　$= 14 \cdots 5$，即可發現 103 是為正解。

提問 4　錢數問題 2

　　林強有一些零錢，每 3 元一數、每 5 元一數、每 7 元一數，都多 2 元，
請問林強最少有多少零錢？

答案：

　　步驟 1：題目為每 3 元一數，多 2 元，表示當所有錢數為 3 的倍數時，
　　　　　　需多 2 元，如 6 元為 3 的倍數，餘數多 2 元，即需加 2 元，
　　　　　　為 8 元，$8 \div 3 = 2 \cdots 2$，其餘數為 2，即多 2 元。

　　步驟 2：每 3 元一數、每 5 元一數、每 7 元一數，即需找出 3、5、7
　　　　　　的最小公倍數。$[3, 5, 7] = 3 \times 5 \times 7 = 105$。

　　步驟 3：$105 + 2 = 107$，$107 \div 3 = 35 \cdots 2$，$107 \div 5 = 21 \cdots 2$，$107 \div 7$
　　　　　　$= 15 \cdots 2$，即可發現 107 是為正解。

提問 5　植樹問題

　　金門跨海大橋全長 5,400 公尺，每隔 30 公尺設一盞路燈，兩側與兩
端都裝，為了強化照明，每隔 20 公尺設一盞路燈。施工時，有多少盞路
燈需要施工？

答案：

　　步驟 1：先發現 20 與 30 的最小公倍數為 60 公尺，[20, 30] = 60。

　　步驟 2：再發現 5,400÷60 = 90，表示每隔 60 公尺種一棵樹，是 20
　　　　　　公尺與 30 公尺所重疊種的樹，共 90 棵樹。

　　步驟 3：(90 + 1)×2 = 182，為兩端都種一棵樹，所以 90 + 1；又兩側
　　　　　　都種，所以總數為 91×2 = 182 棵樹。

　　步驟 4：因距離 20 公尺種一棵樹，所以 5,400÷20 = 270 棵樹，又
　　　　　　兩端都種一棵樹，所以 270 + 1；又兩側都種，所以總數為
　　　　　　271×2 = 542 棵樹。

　　步驟 5：將 20 公尺種的總數減掉 60 公尺種的樹，即為需種樹的數量。
　　　　　　542 − 182 = 360。

提問 6 　求分數的最小公倍數

　　志強與春明一同騎自行車，繞環狀公路一圈，已知志強騎一圈需
要 $\frac{9}{10}$ 分鐘，春明騎一圈需要 $\frac{14}{15}$ 分鐘，若兩人同時同地出發，請問需經
過多久時間，志強與春明兩人各騎幾圈後，才會同時同地出發？

答案：志強騎一圈需 $\frac{9}{10}$ 分鐘，春明騎一圈需 $\frac{14}{15}$ 分鐘，即求 $\frac{9}{10}$ 與 $\frac{14}{15}$ 的
　　　最小公倍數。

　　　已知分母為 10 與 15，最大公因數為 5。

　　　分子為 9 與 14，最小公倍數為 9×14= 126。

　　　所以 $[\frac{9}{10}, \frac{14}{15}] = \frac{126}{5} = 25\frac{1}{5}$ 分鐘後。$\frac{126}{5} \div \frac{9}{10} = \frac{126}{5} \times \frac{10}{9}$

　　　$= 14×2 = 28$，即志強騎 28 圈；$\frac{126}{5} \div \frac{14}{15} = \frac{126}{5} \times \frac{15}{14} = 9×3 =$
　　　27，即春明騎 27 圈後，才會開始同時同地出發。

活動 14 韓信點兵 1

在南北朝時期，《孫子算經》記述了：「有物不知其數，三三數之剩二，五五數之剩三，七七數之剩二，問物幾何？」

它就是中國剩餘定理，也稱為韓信點兵問題。

答案：

步驟 1：先考慮 3 餘 2 與 5 餘 3 的條件。

3 餘 2：5、8、11、14、17、20、23。

5 餘 3：8、13、18、23、28、33、38。

在 3 餘 2、5 餘 3 重複的數字，第 1 個數字為 8，第 2 個數字為 23，將第 2 個數減掉第 1 個數。

23 - 8 = 15，15 為 3 與 5 的最小公倍數。

所以符合條件的數字為 8 + 15×a。

步驟 2：依據步驟 1 得到 8 +15a 的條件，須滿足除 7 餘 2 的條件，23 為除 7 餘 2 的第一個數字，105 為 3、5、7 的最小公倍數，所以第 2 個數字為 23 + 105b。

今有物不知其數三三數之賸二五五數之賸
三七七數之賸二問物幾何
荅曰二十三
術曰三三數之賸二置一百四十五五
之賸三置六十三七七數之賸二置三十
并之得二百三十以二百一十減之即
得凡三三數之賸一則置七十五五數之
賸一則置二十一七七數之賸一則置十
五一百六以上以一百五減之即得

活動 15 韓信點兵 2

相傳，楚漢爭霸之時，韓信率 1,500 名將士與楚軍交戰敗退，退往山上，這時候敵軍率 500 騎殺奔而來，韓信便急速點兵迎敵。韓信命令士兵 3 人一排，結果多出 2 名；接著命令士兵 5 人一排，結果多出 3 名；他再

命令士兵 7 人一排，結果又多出 2 名。韓信馬上算出，軍中還剩千餘人，而敵人不足五百，而且居高臨下、以眾擊寡，於是率軍殺得敵方大敗而逃。千餘人到底是多少人呢？

答案：

　　為解決這一問題，明朝數學家程大位將上述解法編成了一首詩。

　　　　三人同行七十稀，五數梅花二十一枝，

　　　　七子團圓正半月，除百零五便得知。

　　將除以 3 得到的餘數乘以 70，將除以 5 得到的餘數乘以 21，將除以 7 得到的餘數乘以 5，全部加起來後再減去 105 的整數倍，得到的數就是答案。

　　$70 \times 2 + 21 \times 3 + 15 \times 2 = 233$，$233 - 2 \times 105 = 23$

　　其他的解只能和 23 相差 105 的整數倍，韓信應該是估計出軍隊大致人數，取了 $105 \times 10 + 23 = 1{,}073$ 這個解。

　　其實韓信算出士兵人數只是個傳說，韓信本人並非數學大師。這個問題最早見於 1,800 年前的《孫子算經》，約魏晉南北朝（220-589 年），已經是韓信（西元前 196 年）死後約 600 多年了。

第1章

比與比例的教學實務

有鑑於臺灣 108 年提出十二年國民基本教育提升數學素養的重要（教育部，2018），本章整理比與比例的課程標準、相關的文獻與相對應的教學活動。

一、課程標準：NCTM （2000）與教育部（2018）的比較

量與實測向度	NCTM 6-8指標內容教學方案能協助所有學童要	臺灣數學能力指標
應用適當的技巧、工具與公式決定量測的方式。	·使用常用的標記方式，以適當的方法進行估測。 ·使用比率與比例，解決比例尺的問題。 ·解決關於比率的簡單問題，並從速率與密度的屬性以進行量測。	N-6-6　比與比值：異類量的比與同類量的比之比值的意義。理解相等的比中牽涉到的兩種倍數關係（比例思考的基礎）。解決比的應用問題。 N-6-7　解題：速率。比和比值的應用。速率的意義。能做單位換算（大單位到小單位）。含不同時間區段的平均速率。含「距離＝速率×時間」公式。用比例思考協助解題。 N-6-8　解題：基準量與比較量。比和比值的應用。含交換基準時之關係。 S-6-1　放大與縮小：比例思考的應用。「幾倍放大圖」、「幾倍縮小圖」。知道縮放時，對應角相等，對應邊成比例。 S-6-2　解題：地圖比例尺。地圖比例尺之意義、記號與應用。地圖上兩邊長的比和實際兩邊長的比相等。

於 6-8 美國課程標準，量與實測向度的指標為使用比率與比例的性質來解題，教學的年級為六至八年級。而臺灣的課程標準有 5 個指標，均於六年級。

於此階段，NCTM 標準有 1 個向度，3 個指標。

1. 應用適當的技巧、工具與公式決定量測的方式。

　　a. 使用常用的標記方式，以適當的方法進行估測。

　　b. 使用比率與比例，解決比例尺的問題。

　　c. 解決關於比率的簡單問題，並從速率與密度的屬性以進行量測。

於美國的指標較注重在估測，使用比率與比例，解決比例尺的問題。再者，需解決簡單的比率問題，從速率與密度的屬性進行量測。

臺灣的課程標準比較仔細，如 N-6-6，可比較異類量的比，同類量的比與比值的意義。解決比的應用問題。N-6-7，速率、時間與距離的比值應用。N-6-8，釐清基準量與比較量的問題。S-6-1，放大與縮小圖的應用。S-6-2，地圖比例尺的應用等。

二、比與比例的學習

學生初期在比例概念的學習，會使用加法策略來進行。如一本圖畫書 10 元，兩本圖畫書需要多少元？這是在一年級就會出現的比例情況，學生可以用加法的策略來解決。若是用古氏數棒來看，一個淺綠色積木（3）比上深綠色積木（6），等於黃色積木（5）比上什麼顏色？橘色積木（10）。

以下依比例的定義、比例推理、比例的題型、比例的教學，以及比與比例的學習困難分別敘述。

(一) 比例的定義

比例與比率是相同的，其表示方法是可以互通的。如水比醬油是 1 比 3，在比率來看是 1/3。其關係也是一種乘積的關係。比例的使用與眞實

生活息息相關，可從做事效率的快慢、速率的快慢、濃度、密度、匯率、機器的效能等各方面來表現（Heller et. al., 1989）。再者，如齒輪的大小運作機制，均為比例的應用而來。劉祥通（2007）提及比例問題是探討兩個量於比值的等價問題。比例關係是兩個量有相同對等關係所構成，如 A：B ＝ C：D。於本節中，要如何協助教師對於學生在比例概念的發展是相當重要的。

如下表的匯率，可看出美元對新臺幣為單一匯率，也就是只有單一的比例關係如下：

美元	1	5	10	15
新臺幣	32	160	320	480

(二) 比例推理

比例推理包含更多對於比的理解概念，比例推理的重點不僅是在比較兩比例的數量，而是在發現兩比例的關係。例如黃金比例，畢達哥拉斯學派側重於從數學關係去探討美的規律，並認為美就是和諧與比例，按照這種比例關係就可以組成美的圖案，這其實是一個數字的比例關係，即將一條線分成兩部分，較長的一段與較短的一段之比等於全長與較長的一段之比，它們的比例大約是 1.618：1。再看，例如在生活中可以發現一罐可樂 20 元，但是在網購賣場可發現 24 罐是 313 元。在網路購買，和在便利商店購買的一瓶價差是多少元？1：□ ＝ 24：313，□ ＝ 13.04，一瓶的價差為 20 – 13.04 ≒ 7 元。所以可發現大量購買一瓶可樂的價格為 13.04 元。而這樣的推理關係在生活上的應用相當普遍。

(三) 比例的題型

比例的題型可約略分兩種，一是直接的比例關係，另一是相反的比例（Behr et. al., 1992）。

1. 直接的比例關係

　　說明直接的比例關係，如竹子與影長，若是影長固定為竹子長度的 1.5 倍，如下表所示。

竹子長	2m	3m	4m	5m
影子長	3m	4.5m	6m	7.5m

　　另一種為相反數關係，就如同兩隊進行比賽，可以發現當甲隊與乙隊比賽，甲贏一分，乙就是輸一分；甲輸九分，乙就贏九分。這一種相對性的關係，也就是在國中七年級的教學中所提的相反數關係，如下表所示：

甲隊	1	0	4	6	-9
乙隊	-1	0	-4	-6	9

以下可看出兩者的倒數關係，如下表所示：

1	1/2	4	7	1/9
1	2	1/4	1/7	9

2. 反比例關係

　　常見的反比關係在距離、速率與時間的關係中，可以看出時間與速率之間有反比關係。如臺北到高雄有 360 公里，時間與速率的關係可如下表所示：

時間／hr	2	4	6	8
速率km/hr	180	90	60	45

　　於上述資料可以發現，時間越長，速率越慢；時間越短，速率越快的反比關係。生活上還有很多情況是反比例的關係，如山的高度越高，空氣越稀薄；高爾夫球的竿數越少，名次越高等。這些概念，都是反比的情況。

(四) 比例的教學

　　比例的教學需要教師經由課程設計來培養，學童無法自然發展出比例推理的能力，是故，學校教師應要有如下的觀念來發展出比例思考的能力。（Van de Walle, Karp, Bay-Williams, 2018）

1. 教師要能提供各種不同類型的比和比例作業，包括測量、價格、幾何和任何類型的比例。

2. 鼓勵預測性和比較性比的討論和實驗，幫助學童藉由提供範例和討論兩者間的差異，來區分比例和非比例的不同。

3. 幫助學童連接比例推理和過程的關係，單位分數的觀念與單位比的觀念非常相似，在學童已經學會交叉相乘的方法時，找出單位量再進行比例概念仍為最常用的方法。

4. 當教師發現學童使用交叉相乘的方法時，仍無法發展出比例推理的能力，所以應要培養學童發展出直觀的推理能力時，再引進算則較為適當。

(五) 比與比例的學習困難

　　國內有學者提出比例的迷思概念，可有以下幾種（何意中，1988）：

1. 減法策略（常數差策略）：學童將兩數相減的差作為另一比例的差距。例如：12 公尺高的樹，影長為 6 公尺；若 18 公尺高的樹，則影長為幾公尺？學童認為樹高和影長間的差為 6 公尺，如 12 − 6，所以 18 公尺的樹，影子應該為 18 − 6 = 12，為 12 公尺。

2. 粗心：學童解題時疏忽了重要的資訊，以致產生錯誤。例如：A 杯有 20 克的糖，加入 80 克的水中，若 B 想要與 A 杯有一樣的糖水，請問 10 克的糖，需加入多少的水？答案應為 40 克，但學童只有說 4 克，因為少算了 10 倍。

3. 隨意運算：即隨便猜測，學童沒有解題，只將題目隨意相乘，或隨意相除再加。

4. 誤解或不理解題意。

5. 計算錯誤。

　　再者，魏金財（1987；1992）也指出 4 點兒童於學習比例產生錯誤的原因。

1. 直觀與量觀的衝突，學童知道一量的變化會引起另一量的變化，但無法真正地應用，無法將變化的關係用數學語言表示。

2. 於學童學習過程，無法從具體操作轉換成數學符號。

3. 學童學習的範例太少，無法以單一的範例，應用至不同的比例變化題型。

4. 學童在學習中，缺乏創造性的學習活動。

　　從學生的學習困難來看，於比例概念的具體操作與不同題型的創意，能協助學生在比例概念的學習，以下的活動將從具體的操作與不同的比例活動，來啟發學童的學習興趣。

三、比與比例、放大圖與縮小圖的教學

(一) 比與比例、放大圖與縮小圖的教學活動階層

1. 比與比例	2. 放大圖與縮小圖
六年級	六年級
活動 16：正方形分數板的比例關係	活動 22：判斷縮小圖 1
活動 17：比例預測	活動 23：判斷縮小圖 2
活動 18：不同單位，相等的比	活動 24：縮小圖實作
活動 19：正反比的比例關係	活動 25：放大圖實作
活動 20：基準量與比較量	活動 26：比例尺放大圖
活動 21：比與比例的變化題型	活動 27：比例尺 1
	活動 28：比例尺 2

(二) 比與比例的教學活動

以下列舉 6 個比例的教學活動。

活動 16 正方形分數板的比例關係。本活動為比例的教具操作活動。正方形分數板可使用於分數與分數的四則運算，於此規劃 6 個提問活動，分別為：

1. 發現 2 與 $\frac{1}{2}$ 的比例關係。

2. 發現 3 與 $\frac{1}{3}$ 的比例關係。

3. 發現 4 與 $\frac{1}{4}$ 的比例關係。

4. 發現 6 與 $\frac{1}{6}$ 的比例關係。

5. 發現 $\frac{3}{2}$ 與 $\frac{2}{3}$ 的比例關係。

6. 發現 $\frac{4}{3}$ 與 $\frac{3}{4}$ 的比例關係。

活動 17 是比例預測。比例可預測未來發生的情況，當已知兩個數量的關係，即可預測未來發生的數量關係。

活動 18 是不同單位，相等的比。不同單位即為布料長度與顏色的關係，於不同單位的比例關係，會出現相等的比值。

活動 19 是正反比的比例關係，於此可分 4 個部分：

1. 距離與時間的正比例關係。
2. 距離與速率的正比例關係。
3. 速率與時間的反比關係。
4. 時間與速率反比例應用。

活動 20 為基準量與比較量。於此可分 3 種情境：

1. 應用比例，找出個別的數。
2. 加成與折扣比例。
3. 分數與小數比例。

　　活動 21 為比與比例的變化題型。歸納有 18 種變化題型，如：

1. 比例與植樹問題。

2. 影長應用。

3. 水逆流、順流與比例。

4. 連比，應用最小公倍數。

5. 火車過隧道。

6. 工程問題。

7. 工程問題，反比例。

8. 溫度轉換。

9. 由比例求比例。

10. 竹竿問題。

11. 瑕疵問題。

12. 由百分比求比例。

13. 累進比例。

14. 讀書問題。

15. 面積反比例。

16. 人數反比例。

17. 比例移動。

18. 比例比大小。

活動 16 正方形分數板的比例關係

教學概念

　　由正方形分數板的使用，為建立比例概念的具體操作教具，可建立具體的比例關係，經由本教具可建立比例的相互關係，即倒數概念。

教具說明

　　正方形分數板有 1 片透明的方形板，黃色為 $\frac{1}{2}$ 的長方形板，橘色

為 $\frac{1}{3}$ 的長方形板，紅色為 $\frac{1}{4}$ 的長方形板，藍色為 $\frac{1}{6}$ 的長方形板，綠色

為 $\frac{1}{8}$ 的長方形板，淺紅色為 $\frac{1}{12}$ 的長方形板，咖啡色為 $\frac{1}{16}$ 的長方形板，教

師可使用具體的比例關係，協助學生理解不同的比例概念，如下圖：

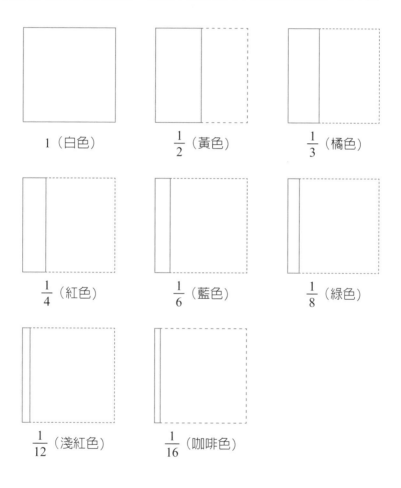

提問順序

提問 1　你可以發現哪些顏色相互間是 2 與 $\frac{1}{2}$ 的比例關係？

答案：

1. 白色與黃色（1 與 $\frac{1}{2}$）

2. 黃色與紅色（$\frac{1}{2}$ 與 $\frac{1}{4}$）

3. 橘色與藍色（$\frac{1}{3}$ 與 $\frac{1}{6}$）

4. 紅色與綠色（$\frac{1}{4}$ 與 $\frac{1}{8}$）

5. 藍色與淺紅色（$\frac{1}{6}$ 與 $\frac{1}{12}$）

6. 綠色與咖啡色（$\frac{1}{8}$ 與 $\frac{1}{16}$）

提問 2　你可以發現哪些顏色相互間是 3 與 $\frac{1}{3}$ 的比例關係？

答案：

1. 白色與橘色（1 與 $\frac{1}{3}$）

2. 黃色與藍色（$\frac{1}{2}$ 與 $\frac{1}{6}$）

3. 紅色與淺紅色（$\frac{1}{4}$ 與 $\frac{1}{12}$）

提問 3　你可以發現哪些顏色相互間是 4 與 $\frac{1}{4}$ 的比例關係？

答案：

1. 白色與紅色（1 與 $\frac{1}{4}$）

2. 黃色與綠色（$\frac{1}{2}$ 與 $\frac{1}{8}$）

3. 橘色與淺紅色（$\frac{1}{3}$ 與 $\frac{1}{12}$）

4. 紅色與咖啡色（$\frac{1}{4}$ 與 $\frac{1}{16}$）

提問 4　你可以發現哪些顏色相互間是 6 與 $\frac{1}{6}$ 的比例關係？

答案：

1. 白色與藍色（1 與 $\frac{1}{6}$）

2. 黃色與淺紅色（$\frac{1}{2}$ 與 $\frac{1}{12}$）

提問 5　你可以發現哪些顏色相互間是 $\frac{3}{2}$ 與 $\frac{2}{3}$ 的比例關係？

答案：

1. 黃色與橘色（$\frac{1}{2}$ 與 $\frac{1}{3}$）

2. 紅色與藍色（$\frac{1}{4}$ 與 $\frac{1}{6}$）

3. 綠色與淺紅色（$\frac{1}{8}$ 與 $\frac{1}{12}$）

提問 6　你可以發現哪些顏色相互間是 $\frac{4}{3}$ 與 $\frac{3}{4}$ 的比例關係？

答案：

1. 橘色與紅色（$\frac{1}{3}$ 與 $\frac{1}{4}$）

2. 藍色與綠色（$\frac{1}{6}$ 與 $\frac{1}{8}$）

3. 淺紅色與咖啡色（$\frac{1}{12}$ 與 $\frac{1}{16}$）

活動 17　比例預測

教學概念

　　比例的概念是一種數量關係，要訓練學生發現數量關係，可經由表格的方式來發現，以下應用便利商店為例，協助學生發現比例關係。

提問順序

　　家家便利商店，從早到晚，於 15 分鐘的平均流量為 21 人次，你可以幫店長找出下面空格的數字嗎？

分鐘	10	15	20			50		225
人次		21		35	49		105	

提問 1　從 15 分鐘有 21 人次，你可以發現 10 分鐘有多少人次呢？

答案：從 15 分鐘有 21 人，可以發現 15：21 = 5：7，即每 5 分鐘會有 7 人次，則 10 分鐘，會有 14 人次。

提問 2　你可以找出在 20 分鐘、50 分鐘與 225 分鐘，各有多少人次呢？

答案：5：7 = 20：□，□ = 28。5：7 = 50：□，□ = 70。5：7 = 225：□，□ = 315。分別為 28、70 與 315 人。

提問 3　你可以找出在哪些時間會有 35 人、49 人與 105 人呢？

答案：5：7 = □：35，□ = 25。5：7= □：49，□ = 35。5：7 = □：105，

　　　　□ = 75。分別在 25、35 與 75 分鐘的時候。

活動 18　不同單位，相等的比

教學概念

　　本活動設計在於不同單位會產生相同的比，以下以量測布料的長度與顏色，進行比例的說明。

學習單設計

　　明明布料行，有固定尺寸的布料長度，使用三種顏色的尺規量測布料，以下為不同布料長度與不同顏色尺規的數量列表。

布料長度	橘色	紫色	黑色
短	40	25	10
中	80	50	20
長	125	78.125	31.25
特長	160	100	40

　　布料行老闆為了要找出不同的比例關係，他用了比率中的比與比率間的比來做出比較，你可以幫老闆找找有關這兩個不同的比率，到底是哪兩種關係的比較呢？

表一

比率中的比			
短：中	0.5	0.5	0.5
短：長	0.32	0.32	0.32

短：特長	0.25	0.25	0.25
中：長	0.64	0.64	0.64
中：特長	0.5	0.5	0.5
長：特長	0.78125	0.78125	0.78125

表二

	比率中的比		
	橘色：紫色	橘色：黑色	紫色：黑色
短	1.6	4	2.5
中	1.6	4	2.5
長	1.6	4	2.5
特長	1.6	4	2.5

請學童分別發現表一與表二的比例數字，不同的特性為何？

答案：

表一

	比率中的比		
短：中	0.5 $= 40 \div 80$	0.5 $= 25 \div 50$	0.5 $= 10 \div 20$
短：長	0.32 $= 40 \div 125$	0.32 $= 25 \div 78.125$	0.32 $= 10 \div 31.25$
短：特長	0.25 $= 40 \div 160$	0.25 $= 25 \div 100$	0.25 $= 10 \div 40$
中：長	0.64 $- 80 \div 125$	0.64 $- 50 \div 78.125$	0.64 $- 20 \div 31.25$
中：特長	0.5 $=80 \div 160$	0.5 $= 50 \div 100$	0.5 $= 20 \div 40$
長：特長	0.78125 $= 125 \div 160$	0.78125 $= 78.125 \div 100$	0.78125 $= 31.25 \div 40$

表二

比率間的比			
	橘色：紫色	橘色：黑色	紫色：黑色
短	1.6 = 40÷25	4 = 40÷10	2.5 = 25÷10
中	1.6 = 80÷50	4 = 80÷20	2.5 = 50÷20
長	1.6 = 125÷78.125	4 = 125÷31.25	2.5 = 78.125÷31.25
特長	1.6 =160÷100	4 = 160÷40	2.5 = 100÷40

活動 19 正反比的比例關係

教學概念

　　有關正比例與反比例問題，應該要同時進行，以下為正比例與反比例教學的實例。

學習單設計 1：距離與時間的正比例關係

　　達人要進行環島計畫，他騎腳踏車時速為 20 公里，請找出距離與時間的關係。

時間（小時）	距離
10	
20	
30	
40	
50	
60	

你可以畫出時間與距離的正比例關係圖嗎？

答案：

1.

時間（小時）	距離
10	200
20	400
30	600
40	800
50	1,000
60	1,200

2.

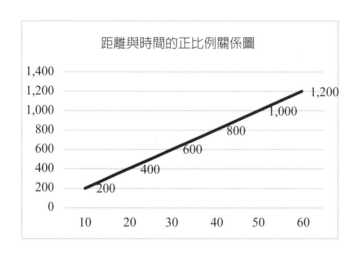

從圖中可以發現時間越短，距離越短；相對的時間越長，距離越長。

學習單設計 2：距離與速率的正比例關係

達人要進行環島計畫，他的時間只有 20 小時，可有搭電聯車、自行開車、騎機車與騎腳踏車四種交通方式，若環島的距離約為 1,000 公里，他可以使用哪些交通工具呢？你可以畫出速率與距離的正比例關係圖嗎？

交通工具	速率（小時）	距離
騎腳踏車	20	
騎機車	40	
搭電聯車	50	
自行開車	100	

答案

交通工具	速率（小時）	距離
騎腳踏車	20	400
騎機車	40	800
搭電聯車	50	1,000
自行開車	100	2,000

他可自行開車與搭電聯車，完成環島。

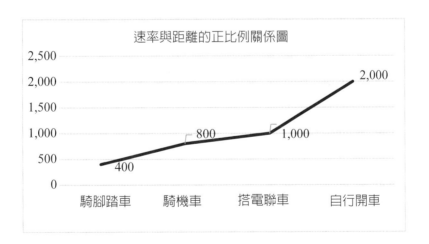

從圖中可以發現速率越慢，距離越短；相對的速率越快，距離越長。

學習單設計 3：速率與時間的反比關係

　　達人要進行環島計畫，他可搭電聯車、自行開車、騎機車與騎腳踏車，四種交通工具，若環島的距離約為 1,000 公里，請找出速率與時間的

關係。

交通工具	平均速率	時間
自行開車	100	10
搭電聯車	50	20
騎機車	40	25
騎腳踏車	20	50

　　你可以畫出速率與時間的關係嗎？

答案：從圖中可以發現速率越快，所花的時間越短；相對的速率越慢，所
　　　花的時間越長。

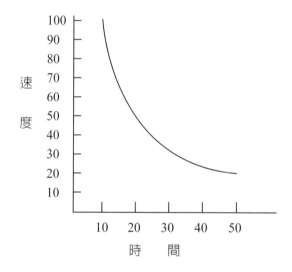

學習單設計 4：時間與速率反比例應用

　　大華練習長跑，他跑 1,500 公尺，時間比原來少了 $\frac{1}{20}$，請問速率比原
來提高了多少？

答案：時間比原來少了 $\frac{1}{20}$，即用了 $\frac{19}{20}$ 的時間，若原來速率為 1，時間為
　　　1，則速率 × 時間 =1,500，由於距離固定，可將距離視為 1。

減少時間後，速率 $\times \dfrac{19}{20} = 1 =$ 速率 $\times$ 時間，所以當速率為 $\dfrac{20}{19}$，才

會與原來的速率乘時間一樣，如 $\dfrac{20}{19} \times \dfrac{19}{20} =$ 速率 $\times$ 時間，則速率

$= \dfrac{20}{19}$，所以 $\dfrac{20}{19} - 1$（原來的速率）$= \dfrac{1}{19}$。

活動 20　基準量與比較量

教學概念

　　基準量與比較量發生在兩個數量相互比較的情況，比值 = 比較量 ÷ 基準量，產生的比較關係。以下的活動主要在協助學生判斷哪一項為基準量，哪一項為比較量。

情境設計 1：應用比例，找出個別的數

　　志強、志明與志清三人共有 300 元，志強的錢是志明的 1.2 倍多 10 元，志清的錢是志明的 0.8 倍少 10 元，請問三個人各有多少元？

答案：

	基準量	比較量	和
志明	1 志明分別為志強與志清的基準量		1倍
志強		1.2倍 + 10 志強為志明的比較量	1.2倍 + 10
志清		0.8倍 − 10 志清為志明的比較量	0.8倍 − 10
總和			300

總和 300 = 1.2 □ + 10 + □ + 0.8 □ － 10，□ = 100，志強 =1.2×100 +10 = 130，志清 = 0.8×100 － 10 = 70。

　　基準量即爲志明，是可用來與志強與志清相比較的數量，所以志強與志清爲比較量。

情境設計 2：加成與折扣比例

　　上家電器行進口藍牙音響，成本爲 4,000 元，加價 2 成 5 爲定價，再打 9 折爲售價，請問老闆賺多少元？

答案：

	基準量	比較量	價格
成本	4,000 成本為定價的基準量		4,000
定價	定價為售價的基準量	125% 定價為成本的比較量	成本×1.25
售價		90% 售價為定價的比較量	成本×1.25×0.9
總和			售價－成本

成本即爲基準量。

　　定價爲成本加價 2 成 5，即基準量的 1.25 倍，即 4,000×1.25 = 5,000。
　　售價爲定價的打 9 折，即爲定價的 90%，即 4,000×1.25×0.9 = 4,500。
　　最後售價 － 成本 = 4,500 － 4,000 = 500。

情境設計 3：分數與小數比例

　　凱雯文具行一個鉛筆盒是一個削鉛筆機價格的 $\frac{3}{4}$ 倍，一盒彩色筆是一個鉛筆盒的 1.8 倍，已知削鉛筆機是 120 元，請問一盒彩色筆與一個鉛筆盒差多少錢？

答案：

	基準量	比較量	價格
削鉛筆機	120 削鉛筆機為鉛筆盒的基準量		120
鉛筆盒	鉛筆盒為彩色筆的基準量	削鉛筆機的 $\frac{3}{4}$ 倍 鉛筆盒為削鉛筆機的比較量	$120 \times \frac{3}{4} = 90$
彩色筆		鉛筆盒的1.8倍 彩色筆為鉛筆盒的比較量	$90 \times 1.8 = 162$
彩色筆與鉛筆盒相差			$162 - 90 = 72$

削鉛筆機的價格即為基準量，鉛筆盒的價格為 $120 \times \frac{3}{4} = 90$。

彩色筆的價格為鉛筆盒的 1.8 倍，則 $90 \times 1.8 = 162$。

彩色筆與鉛筆盒相差 $162 - 90 = 72$。

活動 21 比與比例的變化題型

教學概念

　　比例的變化題型有 18 種。

提問順序

提問 1 比例與植樹問題

　　教堂的鐘聲敲 3 下費時 12 秒，請問若敲 20 下，則需費時幾秒？

答案：可從下面表格發現鐘聲與時間的關係。

鐘聲	1	2	3	4	5	6			20
時間	0	6	12	18	24	30			?

方法 1：從表格可以發現，每 6 秒鐘敲一下鐘聲，所以 20 下需扣除第一次的鐘聲，答案為 $19 \times 6 = 114$ 秒。

方法 2：但是若使用比例概念，如 $3：12 = 20：\square$，$\square = 80$，80 則是錯誤的答案，因其是累加關係，而非倍數關係。

提問 2　影長應用

有一顆電線桿長為 3 公尺，早上 11:00 影長是 2.4 公尺。欣欣國小活動中心的影長是 12.8 公尺，則欣欣國小活動中心的大樓高度是幾公尺？

答案：可用比例概念，如 $3：2.4 = \square：12.8$，$\square = 16$。

活動中心高度為 16 公尺。

提問 3　水逆流、順流與比例

基隆河上游與下游經過八堵與內湖，若有人划船從八堵到內湖來回，歷時 10 小時，已知水流速率為 3 公里／小時，若划船速率為 5 公里／小時，請問從八堵到內湖的距離多遠？

答案：順流速率為 $5 + 3 = 8$ km/hr，逆流速率為 $5 - 3 = 2$ km/hr。

順流：逆流 $= 8：2 = 4：1$。若距離一樣，順流與逆流速率比為 $4：1$，時間比則為 $1：4$，為反比。所以逆流時所花時間為 $\frac{4}{5}$，即為 $\frac{4}{5} \times 10 = 8$，為 8 小時；順流所花時間為 $\frac{1}{5}$，$\frac{1}{5} \times 10 = 2$，為 2 小時。

若順流的時間為 2 小時，速率為 8，則距離為 $2 \times 8 = 16$ 公里。

提問 4　連比，應用最小公倍數

鈺茹與潔莉的走路速率比爲 3：2，鈺茹與方嘉的速率比爲 5：6，請問潔莉與方嘉的速率比爲多少？

答案：鈺茹與潔莉的速率比爲 3：2，鈺茹與方嘉的速率比爲 5：6，需以同時間鈺茹的速率 3 與 5，找到最小公倍數爲 15，

則鈺茹與潔莉的速率比爲 3：2 = 15：10，

鈺茹與方嘉的速率比爲 5：6 = 15：18，當鈺茹的速率比同爲 15 時，才可以將潔莉與方嘉的速率相比，其比例爲 10：18。

提問 5　火車過隧道

太魯閣號列車長 300 公尺，以秒速 12 公尺過隧道，若隧道長度爲 180 公尺，請問太魯閣號完整通過隧道需時多久？

答案：

答案 1：300÷12 = 25 秒，爲火車通過時間；180÷12 = 15 秒，爲火車通過隧道時間；25 + 15 = 40 秒，爲火車通過時間加上通過隧道時間。

答案 2：可使用比例方法，300 公尺花 25 秒通過，則 300 + 180 = 480，480 公尺需要幾秒？

300：25 = 480：□，□ = 40 秒。

提問 6　工程問題

有一個馬路工程，仁華一人作完需 12 天完工，志華一人作完需 16 天完工，奇華一人作完需 20 天完工，今三個人合作共需 8 天完工，合作期間，仁華休息 2 天、志華休息 4 天，請問奇華休息幾天？

答案：完成工程爲 1，仁華休息 2 天，工作 6 天；志華休息 4 天，工作 4

天，$1 - \dfrac{6}{12} - \dfrac{4}{16} = 1 - \dfrac{1}{2} - \dfrac{1}{4} = \dfrac{1}{4}$，$\dfrac{1}{4} \div \dfrac{1}{20} = 5$，$8 - 5 = 3$。奇華休息 3 天。

提問 7　工程問題，反比例

　　有一建築工程，5 個人需 16 天完工，若只有 4 個人，則需幾天完工？

答案： 學生很容易會使用正比例的方法，如 $5 : 16 = 4 : \square$，$\square = 12.8$，但是這是錯誤的解法。此題應要找出 5 個人 16 天完工，所以 1 個人需要 80 天完成，4 個人則需要 20 天完成。因此其算式為 $5 \times 16 = 80$，$80 \div 4 = 20$，20 天才會完工。

提問 8　溫度轉換

　　以下為攝氏與華氏的冰點與沸點

	冰點	沸點
攝氏	0	100
華氏	32	212

　　請由表格中的資料發現攝氏與華氏的關係？請問若華氏為 104 度，攝氏為幾度？

答案： 從攝氏的冰點與沸點可以發現其中相隔的度數為 100。

　　從華氏的冰點與沸點可以發現其中相隔的度數為 180。

　　若從攝氏與華氏的比例可發現 1 度的攝氏 $= \dfrac{180}{100} = \dfrac{9}{5}$ 度的華氏。

　　若已知華氏的冰點度數為 32 度，則攝氏的度數為 0，兩者間的關係如 $32 + \dfrac{9}{5} \times 0 = 32$。若攝氏的度數為 1，則華氏的度數為 $32 + \dfrac{9}{5} \times 1 = 33.8$ 度。

依這樣的比例關係可以發現華氏 104 度，攝氏為 $32 + \dfrac{9}{5} \times \square = 104$，$\square = 40$。

提問 9　由比例求比例

金榜高中去年的男生占全部的 $\dfrac{4}{9}$，若今年的男生比去年增加 $\dfrac{1}{8}$，今年的女生也比去年增加 $\dfrac{1}{5}$，求：

1. 今年男生人數與今年全校學生人數的比值？
2. 今年女生人數與今年全校學生人數的比值？

答案：

	去年（基準量）	今年（比較量）
男生	$\dfrac{4}{9}$	$\dfrac{4}{9}(1 + \dfrac{1}{8}) = \dfrac{36}{72} = \dfrac{1}{2}$
女生	$\dfrac{5}{9}$	$\dfrac{5}{9}(1 + \dfrac{1}{5}) = \dfrac{30}{45} = \dfrac{2}{3}$
全校	1	$\dfrac{1}{2} + \dfrac{2}{3} = \dfrac{7}{6}$

由上述表格可發現，今年的學生人數比去年多了 $\dfrac{1}{6}$，

今年男生人數為 $\dfrac{1}{2}$，比全校人數為 $\dfrac{1}{2} : \dfrac{7}{6} = 3 : 7 = \dfrac{3}{7}$，

今年女生人數為 $\dfrac{2}{3}$，比全校人數為 $\dfrac{2}{3} : \dfrac{7}{6} = 4 : 7 = \dfrac{4}{7}$。

提問 10　竹竿問題

有一根竹竿插入水中，插入泥土部分占全長的 $\dfrac{2}{7}$，在水中的部分占了全長的 $\dfrac{2}{5}$，已知在水面上有 3 公尺，請問竹竿全長幾公尺？

答案：已知在泥中與水中的竹竿為全部的 $\frac{2}{7} + \frac{2}{5} = \frac{24}{35}$，

再將全部的竹竿扣除在泥中與在水中的部分，$1 - \frac{24}{35} = \frac{11}{35}$。

用比例的方式得知，剩下的部分 $\frac{11}{35}$ 為 3 公尺，可知全長的竹竿為

幾公尺。

$3 : \frac{11}{35} = \square : 1$，$\square = 3 \div \frac{11}{35} = \frac{105}{11} = 9\frac{6}{11}$ 公尺。

提問 11   瑕疵問題

萬光儀器出廠電燈泡，製造過程發現 2,000 顆燈泡有 7 顆不亮，請問賣出的 1,000,000 顆燈泡，會有幾顆不亮？

答案：2,000 顆中有 7 顆不亮，可預測 1,000,000 會有幾顆不亮，其比例如

2,000：7 = 1,000,000：$\square$，$\square$ = 500×7 = 3,500，可發現 1,000,000 是 2,000 的 500 倍，所以會有 3,500 顆燈泡有問題。

提問 12   由百分比求比例

寶貴想要減重，已知他這個月比上個月減了 15%，已知上個月比這個月多了 18 公斤，請問他上個月體重多少？

答案：15% 是上個月與這個月的差別，所以 15% 是 18 公斤，由比例可知

100% = 1，可知其原本體重為：

0.15：18 = 1：$\square$，$\square$ = 18÷0.15 = 120 公斤。

提問 13   累進比例

戴華讀一本書，第一天讀一本書的 $\frac{1}{5}$，第二天讀剩下的 $\frac{1}{5}$，第三天又

讀剩下的 $\frac{1}{5}$，最後剩下 64 頁，請問這本書原本有幾頁？

答案 1：第一天讀 $\frac{1}{5}$，剩下 $\frac{4}{5}$，第二天讀 $\frac{4}{5} \times \frac{1}{5} = \frac{4}{25}$，第三天讀第二天剩下的 $\frac{1}{5}$，所以是 $\frac{4}{5} \times \frac{4}{5} \times \frac{1}{5} = \frac{16}{125}$。因此，$1 - \frac{1}{5} - \frac{4}{25} - \frac{16}{125} = \frac{64}{125}$，剩下的 64 頁，占全部的 $\frac{64}{125}$，所以依比例，$64 : \frac{64}{125} = \square : 1$，$\square = 125$。故一本書為 125 頁。

答案 2：由後往前解，可分三步驟。

1. 已知剩下的 64 頁，是沒有讀的 $\frac{4}{5}$，所以其算式為 $\square \times \frac{4}{5} = 64$，$\square = 80$。

2. 已知剩下的 80 頁，是沒有讀的 $\frac{4}{5}$，所以其算式為 $\square \times \frac{4}{5} = 80$，$\square = 100$。

3. 已知剩下的 100 頁，是沒有讀的 $\frac{4}{5}$，所以其算式為 $\square \times \frac{4}{5} = 100$，$\square = 125$。

提問 14　讀書問題

　　陳力讀一本書，第一天讀一本書的 $\frac{1}{5}$，第二天讀 $\frac{1}{3}$，第三天比第一天多讀 20 頁，最後剩下 24 頁，請問這本書原本有幾頁？

答案 1：設全部為 X，$(1 - \frac{1}{5} - \frac{1}{3} - \frac{1}{5})X - 20 = 24$，$\frac{4}{15}X = 44$，X = 165。

答案 2：設全部為 1，$1 - \frac{1}{5} - \frac{1}{3} - \frac{1}{5} = \frac{4}{15}$，多讀 20 頁可與最後剩下 24 頁相加，所以剩下的 $\frac{4}{15}$ 為 44 頁，可用比例求解，如 $\frac{4}{15} : 44 = 1 : \square$，$\square = 165$。

提問 15　面積反比例

有一長方形，其寬減為 20%，請問長度要增加多少 %，面積才會一樣呢？

答案 1：可設一長方形，寬為 1，長為 2，其面積為 2。若寬減 20%，則寬為 0.8。

0.8× □ = 2，則□ = 2÷0.8 = 2.5，所以長度由 2 增加為 2.5，故增加 0.5，占原本的 25%。

答案 2：可設寬為 X，長為 Y，XY = 1，(1 − 0.2)Y = 1，Y = 1.25，可發現 1.25Y − Y = 0.25Y。

提問 16　人數反比例

新海國中男生與女生共有 2,100 人，已知男生的 3 倍是女生的 4 倍，請問男女生各為多少人？

答案 1：依國中的方法，可設男生 X 人，女生 Y 人，3X = 4Y，$X = \frac{4}{3}Y$，

$\frac{4}{3}Y + Y = 2,100$，Y = 900 人，X = 1,200 人。

答案 2：可使用比例的方法，已知男生的 3 倍是女生的 4 倍，所以男生的 1 倍是女生的 $\frac{4}{3}$ 倍。男：女 = $\frac{4}{3}$：1，故男：女 = 4：3。直接將 2,100 分成 7 份，1 份為 300，所以男生為 4×300 = 1,200 人，女生為 3×300 = 900 人。

提問 17　比例移動

有甲、乙兩個米倉，米倉的米為 6：5，當甲的米倉送了 10 噸的米給乙米倉後，甲、乙兩個米倉的米變為 4：5，請問兩個米倉的米共有幾噸？

答案：甲：乙 = 6：5，所以 5 甲 = 6 乙，

$$甲 - 10：乙 + 10 = 4：5，4\,乙 + 40 = 5\,甲 - 50，5\,甲 = 4\,乙 + 90。$$

$$6\,乙 = 4\,乙 + 90，2\,乙 = 90，乙 = 45，甲 = 54。甲 + 乙 = 99\,噸。$$

提問 18　比例比大小

有小陳、小劉與小曾三個好友，三個好友都帶了一些錢，他們想要比一比誰的錢最多、次多和最少，小陳說：「我的錢的 $\dfrac{5}{8}$ 是小劉的 $\dfrac{4}{7}$」，小劉說：「我的錢的 $\dfrac{3}{5}$ 是小曾的 $\dfrac{2}{3}$」。你可以幫忙找出誰的錢最多、次多、最少嗎？

答案：都以小劉當作基準量，小陳 $\times \dfrac{5}{8} =$ 小劉 $\times \dfrac{4}{7}$，小陳 $= \dfrac{32}{35}$ 小劉；

小曾 $\times \dfrac{2}{3} =$ 小劉 $\times \dfrac{3}{5}$，小曾 $= \dfrac{9}{10}$ 小劉，$\dfrac{32}{35} > \dfrac{9}{10}$。所以小劉最多，小陳次之，小曾最少。

(三)放大圖與縮小圖的教學活動

以下列舉 7 個放大圖與縮小圖的教學活動。

活動 22 為縮小圖的應用，學生可判斷縮小圖為哪一項，此為分析題型。

活動 23 為縮小圖的判斷，學生可判斷三角形的縮小圖，觀察底與高的大小，以分析哪一個圖形是正確的。

活動 24 為縮小圖實作，將圖縮小，從實作來繪製縮小圖形。

活動 25 為放大圖實作，將圖放大 2 倍，從實作來繪製放大圖形。

活動 26 為比例尺放大圖，須找出等腰梯形、平行四邊形、菱形與箏形等四種圖形的放大比例。

活動 27 為比例尺 1，從比例尺的關係，找出實際多長的比例關係。

活動 28 為比例尺 2，從實際長度，繪製比例尺的比例關係。

活動 22　判斷縮小圖 1

教學概念

　　本活動在使學生發現縮小圖的概念，學生需發現縮小圖的細節，以判斷哪一項答案是正確的。

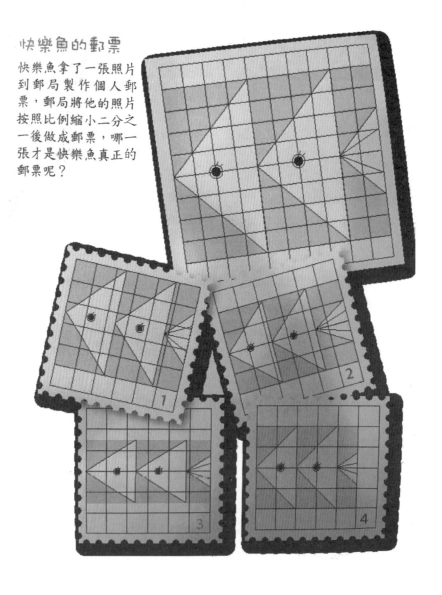

快樂魚的郵票

快樂魚拿了一張照片到郵局製作個人郵票，郵局將他的照片按照比例縮小二分之一後做成郵票，哪一張才是快樂魚真正的郵票呢？

答案：

選項 1：並沒有縮小 1/2，可從隔線的數量來判斷。

選項 2：並沒有縮小 1/2，可從隔線的數量來判斷。

選項 3：並沒有縮小 1/2，可從隔線的數量來判斷。

選項 4：正確。

活動 23　判斷縮小圖 2

教學概念

　　本活動為判斷三角形的縮小圖概念，理解底與高的關係，才可以找出對的圖形。

學習單設計

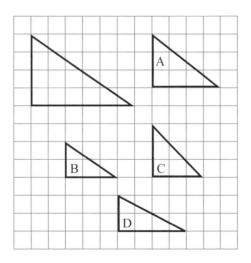

答案：B

如果每小格的長是 10 公分，縮小 $\frac{1}{2}$ 後這個三角形的底和高變成多長呢？

底：$10 \times 3 = 30$　高：$10 \times 2 = 20$　　　　　A：底 30 公分，高 20 公分。

活動 24 縮小圖實作

教學概念

學生需實際進行縮小圖的繪製，以理解縮小圖概念。

學習單設計

請將下圖縮小 $\frac{1}{2}$ 倍。

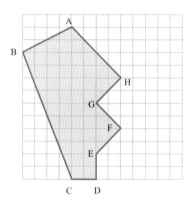

答案：

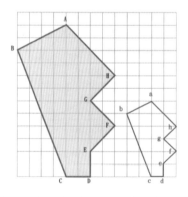

活動 25　放大圖實作

教學概念

　　實際繪製放大圖可強化學生對於放大圖的概念，以下為請學生繪製放大圖的活動。

學習單設計

　　請同學將下圖放大為 2 倍。

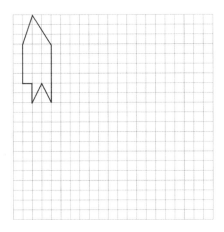

　　答案：

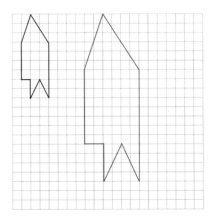

活動 26 比例尺放大圖

請依據所給圖形，找出等比例放大圖形的其他邊長爲何？

1.等腰梯形　　　　　　　　　　　放大圖

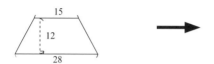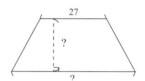

2.平行四邊形　　　　　　　　　　放大圖

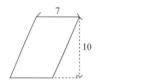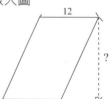

3.菱形　　　　　　　　　　　　　放大圖

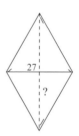

4.箏形　　　　　　　　　　　　　放大圖

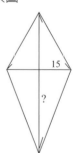

答案：

1. 等腰梯形，上底 15，放大為 27，可依此比例，求高。

    所以 15：27 = 12：□，□ = 21.6。

    上底 15，放大為 27，可依此比例，求下底。

    所以 15：27 = 28：□，□ = 50.4。

2. 平行四邊形，可從底的放大比例，求高。

    所以 $7：12 = 10：□$，$□ = \dfrac{120}{7} = 17\dfrac{1}{7}$。

3. 菱形，可從橫的對角線比例，求直的對角線長度。

    所以 9：27 = 15：□，□ = 45。

4. 箏形，可從橫的對角線比例，求直的對角線長度。

    所以 6：15 = 18：□，□ = 45。

活動 27　比例尺 1

教學概念

　　依比例尺概念找出比例關係，面對不同的比例尺概念，學生須找出比例關係。

學習單設計

　　請找出下面的比例尺，所對應的 1 公分，實際應為多長的距離。

1.　0　　　　600(m)

2.　0　　　　4.5(km)

3.　0　　　　240(m)

4.　0　　　　1(km)

5.　0　　　　100(m)

6.　0　　　　2.5(km)

答案：

1. 在比例上，600m 為 3 公分，所以 200m 為 1 公分。200m 為 20,000 公分，所以比例尺為 1 公分：20,000 公分 = 1：20,000 或 $\frac{1}{20,000}$。

2. 在比例上，4.5km 為 3 公分，所以 1.5km 為 1 公分。1.5km 為 150,000 公分，所以比例尺為 1 公分：150,000 公分 = 1：150,000 或 $\frac{1}{150,000}$。

3. 在比例上，240m 為 4 公分，所以 60m 為 1 公分。60m 為 6,000 公分，所以比例尺為 1 公分：6,000 公分 = 1：6,000 或 $\frac{1}{6,000}$。

4. 在比例上，1km 為 4 公分，所以 250m 為 1 公分。250m 為 25,000 公分，所以比例尺為 1 公分：25,000 公分 = 1：25,000 或 $\frac{1}{25,000}$。

5. 在比例上，100m 為 5 公分，所以 20m 為 1 公分。20m 為 2,000 公分，所以比例尺為 1 公分：2,000 公分 = 1：2,000 或 $\frac{1}{2,000}$。

6. 在比例上，2.5km 為 5 公分，所以 0.5km 為 1 公分。0.5km 為 50,000 公分，所以比例尺為 1 公分：50,000 公分 = 1：50,000 或 $\frac{1}{50,000}$。

活動 28　比例尺 2

教學概念

　　依比例關係概念找出比例尺，面對不同的比例關係，學生須找出比例尺的比例關係。

學習單設計

　　請找出下面的比例關係，所對應的 1 公分，實際應為多長的距離。

1. 1：1,000

2. $\frac{1}{6,000}$

3. 1：250,000

4. $\frac{1}{3,500}$

答案：

1. 在比例上，1 公分：1,000 公分，所以 1 公分為 10m，2 公分為 20m。

2. 在比例上，1 公分：6,000 公分，所以 1 公分為 60m，2 公分為 120m。

3. 在比例上，1 公分：250,000 公分，所以 1 公分為 2,500m，2 公分為 5,000m，即為 5km。

4. 在比例上，1 公分：3,500 公分，所以 1 公分為 35m，2 公分為 70m。

　　如下圖：

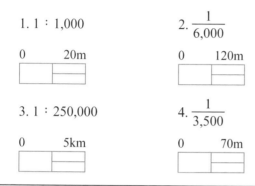

第**2**章

分數的教學實務

　　有鑑於臺灣 108 年提出十二年國民基本教育提升數學素養的重要（教育部，2018），本章整理分數的課程標準、相關的文獻與相對應的教學活動。

一、課程標準：NCTM（2000）與教育部（2018）的比較

數與計算向度	3-5 NCTM	臺灣數學能力指標
能熟練計算與進行合理估算。	· 對於生活上使用分數與小數的情境，能發展並能使用策略進行估測。 · 能使用圖像模式，如數線標記或其他方式來對分數與小數進行加法和減法。 · 能選擇適當的方法和工具，如從心算、估測、計算機與使用紙筆的方式，依據使用的情境來選擇計算的方式。	N-3-9　簡單同分母分數：結合操作活動與整數經驗。簡單同分母分數比較、加、減、整數倍的意義。牽涉之分數與運算結果皆不超過2。以單位分數之點數為基礎，連結整數之比較、加、減、乘。知道「和等於1」的意義。 N-4-5　同分母分數：一般同分母分數教學（包括「真分數」、「假分數」、「帶分數」名詞引入）。假分數和帶分數之變換。同分母分數的比較、加、減與整數倍。 N-4-6　等值分數：由操作活動中理解等值分數的意義。簡單異分母分數的比較、加、減的意義。簡單分數與小數的互換。

數與計算向度	3-5 NCTM	臺灣數學能力指標
		N-4-8　數線與分數、小數：連結分數與小數長度量的經驗。以標記和簡單的比較與計算，建立整數、分數、小數一體的認識。
		N-5-4　異分母分數：用約分、擴分處理等值分數並做比較。用通分做異分母分數的加減。養成利用約分化簡分數計算習慣。
		N-5-5　分數的乘法：整數乘以分數、分數乘以分數的意義。知道用約分簡化乘法計算。處理乘積一定比被乘數大的錯誤類型。透過分數計算的公式，知道乘法交換律在分數也成立。
		N-5-6　整數相除之分數表示：從分裝（測量）和平分的觀點，分別說明整數相除為分數之意義與合理性。
		N-5-7　分數除以整數：分數除以整數的意義。最後將問題轉化為乘以單位分數。
		N-6-3　分數的除法：整數除以分數、分數除以分數的意義。最後理解除以一數等於乘以其倒數之公式。

　　分數課程標準於 3-5 年段可分為能熟練計算與進行合理估算向度，3 個指標進行探討：

1. 對於生活上使用分數與小數的情境，能發展並能使用策略進行估測。

2. 能使用圖像模式，如數線標記或其他方式來對分數與小數進行加法和減法。

3. 能選擇適當的方法和工具，如從心算、估測、計算機與使用紙筆的方式，依據使用的情境來選擇計算的方式。

　　於分數概念，美國的課程標準首先重視在生活上能使用分數與小數的情境，能發展並使用估測的策略；其二為使用圖像模式如數線來表示分數與小數的加法與減法；最後為選擇適當的工具，如心算、估測、計算機和使用紙筆的方式來選擇這些策略。以上可看出美國的課程標準重視教師需使用不同的方法來協助學生在分數的理解。本章會依不同的分數四則運算進行圖解的概念分析，以協助學生對於分數運算的了解。

　　臺灣的課程標準重於結合操作活動與整數經驗，如 N-3-9，學生需理解分數比較、加法、減法與整數倍的意義，學生需知道和等於 1 的意義。指標的重點在於需建立學生對於分數整體 1 的意義，如 $1 = \frac{1}{2} + \frac{1}{2}$，於本章對於整體 1 的建立，會使用圓形分數板與正方形分數板等教具；對於整數倍的意義，即為分數乘法的倍數意義，本章於分數的乘法活動亦會說明。

　　於 N-4-5 同分母分數的比較、加、減與整數倍，本章會提供不同的加法、減法與乘法的情境進行比較。

　　於 N-4-6 等值分數：由操作活動中理解等值分數的意義。簡單異分母分數的比較、加、減的意義。本章亦會提供活動進行等值分數的了解，再進行異分母分數的比較及加法與減法。N-4-8 在於使用數線的策略連結分數與小數。

　　於 N-5-4 異分母分數：用約分、擴分處理等值分數並做比較，用通分做異分母分數的加減，養成利用約分化簡分數計算習慣。本活動使用圖解的方式讓學生理解擴分與約分的概念，進行異分母的加法與減法運算。

　　於 N-5-5 分數的乘法：整數乘以分數、分數乘以分數的意義，知道用約分簡化乘法計算，處理乘積一定比被乘數大的錯誤類型。透過分數計算

的公式，知道乘法交換律在分數也成立。對於分數的各種乘法類型，本章對於整數乘分數、分數乘整數、分數乘分數、帶分數乘帶分數等四種類型進行說明，建立完整的分數乘法概念。

　　於 N-5-6 整數相除之分數表示：從分裝（測量）和平分的觀點，分別說明整數相除為分數之意義與合理性。再者，N-5-7 分數除以整數：分數除以整數的意義；N-6-3 對於分數的除法，即整數除分數、分數除分數的意義等均進行應用。本章以整數除整數、分數除整數、整數除分數、分數除分數等四種類型，每類型又分別探討等分除與包含除等情況，以對分數除法的情境進行完整的介紹。

　　綜合上述，NCTM 的標準著重圖像概念建立分數關係，並對於心算、估測、計算機與使用紙筆的方式，而臺灣的指標以分數的運算為主。

二、分數的意義

　　有理數可化為任何分數，且分母不為零的數。為什麼分數或是有理數這樣重要？從整數的加減乘除四則運算來看，其和、差、積、商或是餘數，均為整數的形式。但是在除法概念中，則會出現整除或是無法整除的情況，其結果也有可能不會是整數。在無法整除的情況，如圓周率，π，無法化為分數的形式，則被視為無理數的範圍。但凡是可以化為分數形式的數，也就是可化為比例的數，都稱為有理數。

　　有理數的原意取自希臘文，為成比例的數，英文稱為 rational number。可以成整數比的數，即有理數。如 a：b 或是 a/b。若不能成為整數比的數，即為無理數。可成為整數比的數又可稱為分數，有關分數的意義，依 Kieren（1988）則歸納有下列四種。

1. 部分與全體的概念

　　分數可以表示部分與整體的觀念，一個整體可被切割為數個部分，且這些部分都一樣大。例如一塊披薩被平分為三片，其中的一片披薩是 $\dfrac{1}{3}$

個披薩。這樣的分數表徵，可被視爲部分與整體的關係。於 $\frac{1}{3}$，分子是 1，分母爲正整數的情況，也可被稱爲單位分數。單位分數亦可被視爲整數的倒數關係，如 $\frac{1}{a}$ 與 a。

2. 比例概念

　　如 $\frac{2}{3}$ 可被視爲 2：3 的比例關係。比例關係不能單獨只視爲部分與整體的關係，而可能有兩種意義。第一種意義爲部分與全體的比例，如全校有 $\frac{2}{3}$ 的學生爲女性，女性與全體學生即爲部分與整體的關係。第二爲部分與部分的比例，如全校男生與女生的比例爲 2：3，即爲部分與部分的比較關係。第三爲整體與整體的比例關係，如甲校學生與乙校學生的人數比爲 4：5，則爲整體與整體的比例關係。有關比例與比率在第 1 章論述。

3. 商數的意義

　　分數可以被視爲除法的商數概念，而除法的概念，卻因爲所分的數量是分離量（discrete）或是連續量（continuous）而有不同的分法。例如：當所平分的數量是分離量時，如25元的硬幣平分給四個人，如 $\frac{25}{4} = 6\frac{1}{4}$，因硬幣無法平分給四個人，所以不能用 $6\frac{1}{4}$ 表示。只能用每人得到 6 元，剩下 1 元表示。若是兩個蛋糕平分給三個人，一個人可以分得多少份？算式爲 $\frac{2}{3}$，每個人可分得 $\frac{2}{3}$ 塊蛋糕，從上述來看，分數較適合用於連續量的情況。

4. 可當作一種運算

　　分數可以當作運算的符號概念，運算的方式可用四則運算的方式呈現，例如15× □ = 6，則□ = ？或是 6÷ □ = 15，則□ = ？不論是使用乘法或是除法，分數都被視爲一種倍數的運算方式，這種運算方式的難度有別於整數的四則運算，對學童而言相對較爲困難。

三、分數的四則運算

(一) 分數的加法與減法

有關分數加法與減法的類型，以 Fuson（1992）爲基礎如下表所示，約有十五種題型。於加法部分，有添加型與併加型。減法類型有拿走型、比較型與追加型等三種類型。於每種類型中又可分有三種不同未知的題型，如被加數未知、加數未知與和數未知等三種題型。

於分數的加法概念，會出現的問題就是學生會將分母與分母相加，分子與分子相加，如 $\frac{1}{2} + \frac{1}{3} = \frac{2}{5}$。爲什麼會有這樣的錯誤產生？是因爲學生沒有將分數的圖形畫出來，也就是沒有用圖像進行連結。同樣的，減法也可能出現類似的錯誤。

1. 通分概念

在解決異分母的加法與減法問題時，學校教師都會要求學生先通分。而通分的概念，應要讓學生了解其原因爲何？如 $\frac{1}{3}$ 與 $\frac{1}{4}$ 相加，若是以長方形的面積圖形來看，學童可先行了解一個圖形如何同時切割爲 3 份與 4 份。如下圖。

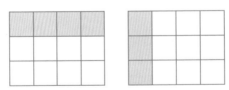

以上長方形的面積圖形，可看出長邊平分爲 4 份，寬邊平分爲 3 份，全部即可平分爲 12 份，故兩個分數相加或相減，可使用面積模式進行以促進學童對通分概念的了解。

2. 最小公倍數的通分法

學校教師最常使用最小公倍數的通分法解題。如 $\frac{1}{4} + \frac{1}{6} = ?$

分數加法和減法應用問題的類型

加法題目類型	A + B = ?	A + ? = B	? + A = B
	和未知	加數未知	被加數未知
添加性類型 開始 □ ── 添加 □ ──→ 最後 □	惠如有 $\frac{3}{7}$ 箱蘋果，梅琴又給她 $\frac{2}{7}$ 箱蘋果，惠如共有幾箱蘋果？	惠如有 $\frac{3}{7}$ 箱蘋果，梅琴又給她一些，若惠如共有 $\frac{5}{7}$ 箱蘋果，請問梅琴給她多少箱蘋果？	惠如有一些蘋果，梅琴又給她 $\frac{2}{7}$ 箱，若惠如共有 $\frac{5}{7}$ 箱蘋果，請問惠如原來有幾箱蘋果？
併加性類型 部分 □ ──→ 部分 □ 全部 □	惠如有 $\frac{3}{7}$ 箱蘋果，梅琴有 $\frac{2}{7}$ 箱蘋果，兩人共有幾箱蘋果？	惠如有 $\frac{3}{7}$ 箱蘋果，梅琴有一些蘋果，兩人共有 $\frac{5}{7}$ 箱蘋果，請問梅琴有多少箱蘋果？	惠如有一些蘋果，梅琴有 $\frac{2}{7}$ 箱蘋果，兩人共有 $\frac{5}{7}$ 箱蘋果，請問惠如有多少箱蘋果？

減法題目類型	A－B＝?	A－?＝B	?－A＝B
拿走性類型 開始 ── 拿走 ── 最後	差未知 蕙如有 $\frac{3}{7}$ 箱蘋果，給了梅琴 $\frac{2}{7}$ 箱蘋果，蕙如剩下幾箱蘋果？	減數未知 蕙如有 $\frac{3}{7}$ 箱蘋果，給了梅琴一些蘋果，蕙如剩下 $\frac{1}{7}$ 箱蘋果，請問蕙如給了梅琴多少箱蘋果？	被減數未知 蕙如有一些蘋果，給了梅琴 $\frac{2}{7}$ 箱蘋果，蕙如剩下 $\frac{1}{7}$ 箱蘋果，問蕙如原來有多少箱蘋果？
比較性類型 差多少 大 小	差未知 蕙如有 $\frac{3}{7}$ 箱蘋果，梅琴有 $\frac{2}{7}$ 箱蘋果，蕙如比梅琴多了多少箱蘋果？	減數未知 蕙如有 $\frac{3}{7}$ 箱蘋果，梅琴有一些蘋果，蕙如比梅琴多 $\frac{1}{7}$ 箱蘋果，請問梅琴有多少箱蘋果？	被減數未知 蕙如有一些蘋果，梅琴有 $\frac{2}{7}$ 箱蘋果，蕙如比梅琴多 $\frac{1}{7}$ 箱蘋果，問蕙如有多少箱蘋果？
等化性類型 加多少使小等於大？ 大 小	差未知 蕙如有 $\frac{3}{7}$ 箱蘋果，梅琴有 $\frac{2}{7}$ 箱蘋果，梅琴要再買多少箱，才會和蕙如一樣多？	減數未知 蕙如有 $\frac{3}{7}$ 箱蘋果，梅琴有一些蘋果，梅琴要再買 $\frac{1}{7}$ 箱才會和蕙如一樣多，請問梅琴原來有多少箱蘋果？	被減數未知 蕙如有一些蘋果，梅琴有 $\frac{2}{7}$ 箱蘋果，梅琴再買 $\frac{1}{7}$ 箱才會和蕙如一樣多，請問蕙如有多少箱蘋果？

學童看到 4 與 6 兩個數字，很自然就會將兩個數字相乘，得出 $\frac{6}{24}$ + $\frac{4}{24}$ = $\frac{10}{24}$。若從面積模式來看，長邊平分為 4 份，寬邊平分為 6 份，一個圖形可切割為 24 份，學生很自然就可進行解題。但 $\frac{10}{24}$ 的最簡分數為 $\frac{5}{12}$。所以學童需將 4 與 6 的共同倍數 12 先找出來，再進行通分。要如何找出最小的倍數，學校教師可請學生發現 4 與 6 的共同因數（需大於 1）為何？於 4×6 後再除以共同因數 2，即可得出最小的公倍數 12。

如 $\frac{1}{4}$ + $\frac{1}{6}$ = $\frac{6}{24}$ + $\frac{4}{24}$ = $\frac{3}{12}$ + $\frac{2}{12}$ = $\frac{5}{12}$。

(二) 分數的乘法

分數除法的概念，當除數小於 1 的時候，會出現數字越乘越小的矛盾現象。學童可以用重複累加的策略來解決乘法問題，如 $\frac{1}{2}$ ×3 或是 3× $\frac{1}{2}$，均可解釋為 $\frac{1}{2}$ + $\frac{1}{2}$ + $\frac{1}{2}$。以下的三種類型，則可以解釋（謝如山與潘鳳琴，2014，p. 179）。

1. 群組型

群組型的乘法問題，可視為一群體的量。有關 $\frac{1}{2}$ ×3，可看成 $\frac{1}{2}$ 盒的雞蛋，有 3 個 $\frac{1}{2}$ 盒的雞蛋是多少？再者，3× $\frac{1}{2}$，亦可視為 3 盒雞蛋的 $\frac{1}{2}$ 是多少？若是要解釋 $\frac{1}{2}$ × $\frac{1}{3}$，則為 $\frac{1}{2}$ 盒雞蛋的 $\frac{1}{3}$，是多少盒雞蛋？

2. 面積型

面積型的乘法問題，即單位為平方公分、平方公尺與平方公里等長度概念。如請找出長為 3、寬為 $\frac{1}{2}$ 的長方形面積，可用於解釋 3× $\frac{1}{2}$ 或 $\frac{1}{2}$ ×3 的概念。再者，請找出長為 $\frac{1}{3}$、寬為 $\frac{1}{2}$ 的長方形面積，可用於解釋

$\frac{1}{2} \times \frac{1}{3}$ 或是 $\frac{1}{3} \times \frac{1}{2}$ 的算式。

3. 比例型

若是用比例型的乘法概念，可以用速率的關係來解釋。若是解釋 $\frac{1}{3}$ $\times \frac{1}{2}$，如：小明 1 小時走 $\frac{1}{3}$ 公里，請問他花 $\frac{1}{2}$ 小時，可以走多遠？

(三) 分數的除法

分數的除法問題，是高年級學生觀念需要突破的關鍵。可分兩種（謝如山與潘鳳琴，2014，pp. 179-180）。

1. 包含除

有關分數除法，當除數小於 1 時，無法用於等分除，只能用包含除的方式解釋。如 $4 \div \frac{1}{2}$，情境爲：4 塊蛋糕，每 $\frac{1}{2}$ 塊裝 1 盤，可裝幾盤？同樣的，$\frac{1}{4} \div \frac{1}{2}$，情境爲：$\frac{1}{4}$ 塊蛋糕，每 $\frac{1}{2}$ 塊裝 1 盤，可裝幾盤？（情境不合理，$\frac{1}{4}$ 比 $\frac{1}{2}$ 小。）所以可適用於倍數，如：$\frac{1}{4}$ 塊蛋糕是 $\frac{1}{2}$ 塊蛋糕的幾倍？

2. 面積型

算式 $\frac{1}{4} \div \frac{1}{2}$，可被視爲面積爲 $\frac{1}{4}$，若是長爲 $\frac{1}{2}$，則寬爲多少的問題。由於面積型問題，被乘數與乘數均可互換，若算式的被乘數與乘數相互交換，如 $\frac{1}{2} \div \frac{1}{4}$，亦可進行解釋。

四、分數的教學

以下可分爲分數的教學活動階層與分數的教學活動兩部分說明。

(一)分數的教學活動階層

1. 分數概念的建立
三年級
　　活動 29：建立整體 1 的分數
　　　　　　概念
　　活動 30：建立 $\frac{1}{2}$ 的等值概念
　　活動 31：建立 $\frac{1}{3}$ 的等值概念
　　活動 32：建立整體 1 的異分
　　　　　　母分數加法概念
　　活動 33：建立 $\frac{1}{2}$ 的異分母分
　　　　　　數加法概念
　　活動 34：建立 $\frac{1}{3}$ 的異分母分
　　　　　　數加法概念

2. 分數加法與減法
四年級
　　活動 35：分數加法
　　活動 36：分數減法

3. 分數乘法
五年級
　　活動 37：整數乘分數
　　活動 38：分數乘整數
　　活動 39：分數乘分數
　　活動 40：帶分數乘帶分數

4. 分數除法
五年級
　　活動 41：整數除整數
　　活動 42：分數除整數
六年級
　　活動 43：整數除分數
　　活動 44：分數除分數

5. 其他的分數活動
六年級
　　活動 45：四個算式的擬題
　　活動 46：數學家丟番圖的生命
　　　　　　數線

(二)分數的教學活動

　　三年級學童使用分數板的過程相當重要，因爲他們需先經過具體的操作過程後，會產生圖像概念，對分數概念更清楚，也對分數四則運算的理解更清晰。

1. 概念的建立教學活動

　　活動 29 到活動 34 在於使用圓形分數板建立等值分數的概念，以下爲活動 29 至活動 34 的簡單說明。

　　活動 29 爲建立整體 1 的同分母分數概念，爲二年級建立 $\frac{1}{2}$ 的分數概念時，需先建立 $\frac{2}{2}$ 的整體 1 概念，本活動介紹如何建立整體 1 的分數關係，經由圓形分數板的操作，建立等值分數 1 的完整觀念。

　　活動 30 爲建立 $\frac{1}{2}$ 的同分母整體觀念，經由圓形分數板的操作，對 $\frac{1}{2}$ 的等值分數有完整的認識。

　　活動 31 爲建立 $\frac{1}{3}$ 的同分母整體觀念，亦由圓形分數板的操作，對 $\frac{1}{3}$ 的等值分數有完整的認識。

　　活動 32 爲建立整體 1 的異分母分數概念，爲三年級建立單位分數時，需先建立整體 1 概念，本活動介紹如何建立異分母整體 1 的分數關係，經由圓形分數板的操作，建立異分母等值分數 1 的完整觀念。

　　活動 33 爲建立 $\frac{1}{2}$ 的異分母分數概念，爲四年級建立異分母分數加法時，先建立異分母 $\frac{1}{2}$ 的概念，本活動介紹如何建立異分母 $\frac{1}{2}$ 的分數關係，經由圓形分數板的操作，建立異分母等值分數 $\frac{1}{2}$ 的完整觀念。

　　活動 34 爲建立 $\frac{1}{3}$ 的異分母分數概念，爲四年級建立異分母分數加法

時，先建立 $\frac{1}{3}$ 的概念，本活動介紹如何建立異分母 $\frac{1}{3}$ 的分數關係，經由圓形分數板的操作，建立異分母等值分數 $\frac{1}{3}$ 的完整觀念。

活動 29　建立整體 1 的分數概念

教學概念

整體 1 的分數概念是建立分數概念的重要步驟，也就是學生需對分子與分母的定義要有清楚的理解，如需理解 $\frac{2}{2}$ 的分母所代表的是一塊紫色披薩板平分成 2 片，而分子所代表的是某位學生拿走了 2 個 $\frac{1}{2}$，也就是 2 個紅色披薩板。

教具使用

圓形分數板

提問順序

提問 1　請用同樣顏色拼出一塊紫色披薩板。

學童可以透過圓形分數板形成如下的概念，如下圖：

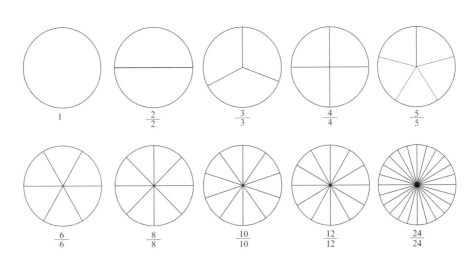

$$1 = \frac{2}{2} = \frac{3}{3} = \frac{4}{4} = \frac{5}{5} = \frac{6}{6} = \frac{8}{8} = \frac{10}{10} = \frac{12}{12} = \frac{24}{24}$$

提問 2 你可以發現□的數字嗎？

$$1 = \frac{2}{2} = \frac{3}{3} = \frac{\square}{7} = \frac{8}{8} = \frac{\square}{9} = \frac{\square}{11} = \frac{12}{12} = \frac{\square}{100}$$

經由整體 1 的活動，學童類推後，理解分子和分母相等其值為 1。

$$1 = \frac{2}{2} = \frac{3}{3} = \frac{7}{7} = \frac{8}{8} = \frac{9}{9} = \frac{11}{11} = \frac{12}{12} = \frac{100}{100}$$

建立整體 1 的分數概念是學習分數的基礎。也是協助學童建立單位分數的重要過程。如提問 3。

提問 3 $1 = \frac{2}{2} = \frac{1}{2} \times 2 = \frac{1}{3} \times 3 = \frac{1}{4} \times 4 = \frac{1}{5} \times 5 = \cdots = \frac{1}{100} \times 100$，代表的意義為？

從單位分數觀點可知，$\frac{2}{2}$ 是 2 個 $\frac{1}{2}$，$\frac{3}{3}$ 是 3 個 $\frac{1}{3}$ 等。

活動 30 建立 $\frac{1}{2}$ 的等值概念

教學概念

$\frac{1}{2}$ 是學生在學習 1 以後所碰到的第一個分數，也就是將一塊披薩板平分成一半的概念，$\frac{1}{2}$ 所代表的是一塊紫色披薩板平分成 2 片，某位學生拿走了其中的 1 片。

教具使用

圓形分數板

提問順序

提問 1　請用同樣顏色拼出一塊紅色披薩板。

學童可以經由圓形分數板形成如下的概念，如下圖：

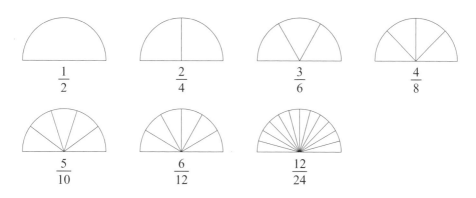

於分數板的操作可發現 $\frac{1}{2}=\frac{2}{4}=\frac{3}{6}=\frac{4}{8}=\frac{5}{10}=\frac{6}{12}=\frac{12}{24}$

從具體操作，學童可以發現紅色披薩板等於 2 片藍色披薩板，亦可等於 3 片橘色披薩板，也可等於 4 片綠色披薩板，會等於 5 片咖啡色披薩板，也會等於 6 片黑色披薩板，最後等於 12 片白色披薩板。

提問 2　你可以發現□的數字嗎？

$$\frac{1}{2}=\frac{2}{4}=\frac{3}{6}=\frac{4}{8}=\frac{5}{10}=\frac{6}{12}=\frac{\square}{14}=\frac{\square}{16}=\frac{\square}{20}=\frac{12}{24}=\cdots=\frac{\square}{100}$$

經由整體 $\frac{1}{2}$ 的活動，學童類推後，理解分子和分母相等其值為 $\frac{1}{2}$。

$$\frac{1}{2}=\frac{2}{4}=\frac{3}{6}=\frac{4}{8}=\frac{5}{10}=\frac{6}{12}=\frac{7}{14}=\frac{8}{16}=\frac{10}{20}=\frac{12}{24}=\cdots=\frac{50}{100}$$

提問 3　$\frac{1}{2}=\frac{1}{4}\times 2=\frac{1}{6}\times 3=\frac{1}{8}\times 4=\frac{1}{10}\times 5=\cdots=\frac{1}{100}\times 50$，代表的意義為？

從單位分數觀點可知，$\frac{2}{4}$ 是 2 個 $\frac{1}{4}$，$\frac{3}{6}$ 是 3 個 $\frac{1}{6}$ 等。

活動 31 建立 $\frac{1}{3}$ 的等值概念

教學概念

$\frac{1}{3}$ 是學生在學習 $\frac{1}{2}$ 之後就應要進行的分數概念，也就是將一塊披薩板平分成 $\frac{1}{3}$，$\frac{1}{3}$ 所代表的是一塊紫色披薩板平分成 3 片，某位學生拿走了其中的 1 片。

教具使用

圓形分數板

提問順序

提問 1　請用同樣顏色拼出一塊黃色披薩板。

經由圓形分數板，學童可以經由圓形分數板形成如下的概念，如下圖：

$$\frac{1}{3} \qquad \frac{2}{6} \qquad \frac{4}{12} \qquad \frac{8}{24}$$

$$\frac{1}{3} = \frac{2}{6} = \frac{4}{12} = \frac{8}{24}$$

從具體操作，學童可以發現黃色披薩板等於 2 片橘色披薩板，亦可等於 4 片黑色披薩板，也可等於 8 片白色披薩板。

因此，學童可以類推如：

$$\frac{1}{3} = \frac{2}{6} = \frac{3}{\square} = \frac{4}{12} = \frac{5}{\square} = \frac{6}{\square} = \frac{8}{24} = \cdots = \frac{\square}{36}$$

當分子是分母的 $\frac{1}{3}$ 時，其值如下：

$$\frac{1}{3} = \frac{2}{6} = \frac{3}{9} = \frac{4}{12} = \frac{5}{15} = \frac{6}{18} = \frac{8}{24} = \cdots = \frac{12}{36}$$

活動 32　建立整體 1 的異分母分數加法概念

教學概念

　　整體 1 的異分母加法概念是為了建立不同分母的分數概念，如學生學到 $\frac{1}{2} + \frac{1}{3} + \frac{1}{6} = 1$，就是學生應用活動 29 到活動 31 的概念，如 $\frac{1}{2} = \frac{3}{6}$，$\frac{1}{3} = \frac{2}{6}$，所以 $\frac{1}{2} + \frac{1}{3} + \frac{1}{6} = \frac{3}{6} + \frac{2}{6} + \frac{1}{6} = 1$，學生在使用分數板後，就可以在三年級學會異分母分數的加法。

教具使用

　　圓形分數板

提問順序

提問 1　請用不同顏色拼出一塊紫色披薩板。

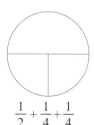

$$\frac{1}{2} + \frac{1}{4} + \frac{1}{4}$$

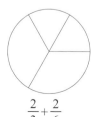

$$\frac{2}{3} + \frac{2}{6}$$

$$\frac{2}{4} + \frac{4}{8}$$

$$\frac{2}{5} + \frac{6}{10}$$

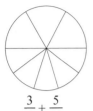  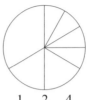

$$\frac{3}{6}+\frac{5}{10} \qquad \frac{2}{4}+\frac{6}{12} \qquad \frac{1}{3}+\frac{2}{6}+\frac{4}{12}$$

$$1=\frac{1}{2}+\frac{1}{4}+\frac{1}{4}=\frac{2}{3}+\frac{2}{6}=\frac{2}{4}+\frac{4}{8}=\frac{2}{5}+\frac{6}{10}=\frac{3}{6}+\frac{5}{10}=\frac{2}{4}+\frac{6}{12}$$

$$=\frac{1}{3}+\frac{2}{6}+\frac{4}{12}$$

因此，經由上述活動 29 至 31，學童可知等值分數如下：

$$\frac{1}{2}=\frac{2}{4}=\frac{3}{6}=\frac{4}{8}=\frac{5}{10}=\frac{6}{12}=\frac{12}{24}$$

及 $\frac{1}{3}=\frac{2}{6}=\frac{4}{12}$ ， $\frac{1}{4}=\frac{2}{8}$ ， $\frac{1}{5}=\frac{2}{10}$

可證明：

$$1=\frac{1}{2}+\frac{1}{4}+\frac{1}{4}=\frac{1}{2}+\frac{1}{2}\ ,\ 1=\frac{2}{3}+\frac{2}{6}=\frac{2}{3}+\frac{1}{3}$$

$$1=\frac{2}{4}+\frac{2}{8}+\frac{2}{8}=\frac{2}{4}+\frac{1}{4}+\frac{1}{4}=\frac{1}{2}+\frac{1}{2}\ ,\ 1=\frac{2}{5}+\frac{6}{10}=\frac{2}{5}+\frac{3}{5}$$

$$1=\frac{3}{6}+\frac{5}{10}\ ,\ 1=\frac{2}{4}+\frac{6}{12}\ ,\ 1=\frac{1}{3}+\frac{2}{6}+\frac{4}{12}$$

以上說明，需先建立整體 1 的等值分數，以理解異分母分數加法的概念。

提問 2　你可以發現□的數字嗎？

學生可以經由提問 1 的活動發現□的數字。

$$1=\frac{1}{2}+\frac{\square}{4}+\frac{1}{4}=\frac{1}{2}+\frac{1}{2}\ ,\ 1=\frac{\square}{3}+\frac{2}{6}=\frac{\square}{3}+\frac{1}{3}$$

$$1=\frac{2}{4}+\frac{2}{8}+\frac{\square}{8}=\frac{2}{4}+\frac{1}{4}+\frac{\square}{4}=\frac{1}{2}+\frac{\square}{2}\ ,\ 1=\frac{2}{5}+\frac{\square}{10}=\frac{2}{5}+\frac{\square}{5}$$

$$1 = \frac{3}{6} + \frac{\square}{10} \text{，} 1 = \frac{2}{4} + \frac{\square}{12} \text{，} 1 = \frac{1}{3} + \frac{2}{6} + \frac{\square}{12}$$

活動 33 建立 $\frac{1}{2}$ 的異分母分數加法概念

教學概念

　　$\frac{1}{2}$ 的異分母加法概念是爲了建立不同分母的分數概念，如學生學到 $\frac{1}{3}$ $+ \frac{1}{6} = \frac{1}{2}$，就是學生應用活動 29 到活動 32 的概念，如 $\frac{1}{2} = \frac{3}{6}$，$\frac{1}{3} = \frac{2}{6}$，所以 $\frac{1}{3} + \frac{1}{6} = \frac{2}{6} + \frac{1}{6} = \frac{3}{6} = \frac{1}{2}$，三年級學生於本活動即可更加理解異分母分數的加法。

教具使用

　　圓形分數板

提問順序

 提問 1　請用不同顏色拼出一塊紅色披薩板。

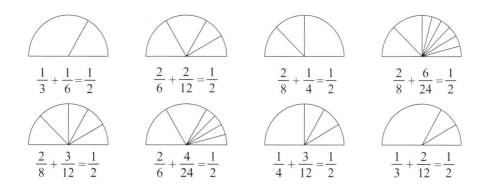

$$\frac{1}{2} = \frac{1}{3} + \frac{1}{6} \text{ , } \frac{1}{2} = \frac{2}{6} + \frac{2}{12} \text{ , } \frac{1}{2} = \frac{2}{8} + \frac{1}{4} \text{ , } \frac{1}{2} = \frac{2}{8} + \frac{6}{24}$$

$$\frac{1}{2} = \frac{2}{8} + \frac{3}{12} \text{ , } \frac{1}{2} = \frac{2}{6} + \frac{4}{24} \text{ , } \frac{1}{2} = \frac{1}{4} + \frac{3}{12} \text{ , } \frac{1}{2} = \frac{1}{3} + \frac{2}{12}$$

以上說明，需先建立 $\frac{1}{2}$ 的等值分數，以理解異分母分數加法概念。

提問 2　你可以發現□的數字嗎？

學生可以經由提問 1 的活動發現□的數字。

$$\frac{1}{2} = \frac{\square}{3} + \frac{1}{6} \text{ , } \frac{1}{2} = \frac{\square}{6} + \frac{2}{12} \text{ , } \frac{1}{2} = \frac{\square}{8} + \frac{1}{4} \text{ , } \frac{1}{2} = \frac{2}{8} + \frac{\square}{24}$$

$$\frac{1}{2} = \frac{2}{8} + \frac{3}{\square} \text{ , } \frac{1}{2} = \frac{2}{6} + \frac{4}{\square} \text{ , } \frac{1}{2} = \frac{1}{\square} + \frac{3}{12} \text{ , } \frac{1}{2} = \frac{1}{\square} + \frac{2}{12}$$

活動 34　建立 $\frac{1}{3}$ 的異分母分數加法概念

教學概念

$\frac{1}{3}$ 的異分母加法概念是為了建立不同分母的分數概念，如學生學到 $\frac{1}{4}$ + $\frac{1}{12} = \frac{1}{3}$，就是學生應用活動 29 到活動 33 的概念，如 $\frac{1}{3} = \frac{4}{12}$，$\frac{1}{4} = \frac{3}{12}$，所以 $\frac{1}{4} + \frac{1}{12} = \frac{3}{12} + \frac{1}{12} = \frac{4}{12} = \frac{1}{3}$，三年級學生於本活動即可更加理解異分母分數的加法。

教具使用

圓形分數板

提問 **1**　請用不同顏色拼出一塊黃色披薩板。

$$\frac{1}{6} + \frac{1}{8} + \frac{1}{24} = \frac{1}{3}$$

$$\frac{2}{8} + \frac{2}{24} = \frac{1}{3}$$

$$\frac{1}{4} + \frac{1}{12} = \frac{1}{3}$$

$$\frac{1}{6} + \frac{2}{12} = \frac{1}{3}$$

$$\frac{2}{12} + \frac{4}{24} = \frac{1}{3}$$

$$\frac{1}{4} + \frac{2}{24} = \frac{1}{3}$$

$$\frac{1}{8} + \frac{2}{12} + \frac{1}{24} = \frac{1}{3}$$

$$\frac{2}{12} + \frac{4}{24} = \frac{1}{3}$$

由上圖發現

$$\frac{1}{3} = \frac{1}{6} + \frac{1}{8} + \frac{1}{24} \ , \ \frac{1}{3} = \frac{2}{8} + \frac{2}{24} \ , \ \frac{1}{3} = \frac{1}{4} + \frac{1}{12} \ , \ \frac{1}{3} = \frac{1}{6} + \frac{2}{12}$$

$$\frac{1}{3} = \frac{2}{12} + \frac{4}{24} \ , \ \frac{1}{3} = \frac{1}{4} + \frac{2}{24} \ , \ \frac{1}{3} = \frac{1}{8} + \frac{2}{12} + \frac{1}{24} \ , \ \frac{1}{3} = \frac{2}{12} + \frac{4}{24}$$

提問 **2**　你可以發現□的數字嗎？

學生可以經由提問 1 的活動發現□的數字。

$$\frac{1}{3} = \frac{\square}{6} + \frac{1}{8} + \frac{1}{24} \ , \ \frac{1}{3} = \frac{2}{8} + \frac{2}{\square} \ , \ \frac{1}{3} = \frac{\square}{4} + \frac{1}{12} \ , \ \frac{1}{3} = \frac{1}{6} + \frac{2}{\square}$$

$$\frac{1}{3} = \frac{2}{12} + \frac{\square}{24} \ , \ \frac{1}{3} = \frac{1}{4} + \frac{\square}{24} \ , \ \frac{1}{3} = \frac{1}{\square} + \frac{2}{12} + \frac{1}{24} \ , \ \frac{1}{3} = \frac{2}{12} + \frac{\square}{24}$$

---

2. 分數加法與減法的教學活動

　　活動 35 至活動 36 建立分數加法與減法的教學。以下分述之。

　　活動 35 為建立分數加法概念，使用三種圖像模式，一為正方形分數板，正分形分數板為連續量的情境，若教師使用圓形分數板亦可；二為古

氏數棒，古氏數棒則爲使用不同的情境，如通分的概念，進行異分母的分數加法；三爲分離的情境，可用來比較分離量與連續量的不同。

　　活動 36 爲建立分數減法概念，與活動 35 方法相同，亦使用三種圖像模式，一爲正方形分數板的圖像模式；二可用古氏數棒進行分數減法的解題；最後使用分離量的應用題來解題。

活動 35　分數加法

教學概念

　　於分數加法，可使用三種方式，一爲正方形分數板的圖像模式，協助學童理解分數的加法；二可用古氏數棒進行分數加法的解題；最後爲使用分離量的應用題來解題。

教具使用

　　正方形分數板、古氏數棒

提問 1　請使用正方形分數板，找出 $\frac{1}{2} + \frac{1}{3} = \square$。

　　學生可使用正方形分數板，如下圖所示：

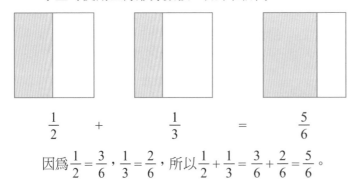

$$\frac{1}{2} \quad + \quad \frac{1}{3} \quad = \quad \frac{5}{6}$$

因爲 $\frac{1}{2} = \frac{3}{6}$，$\frac{1}{3} = \frac{2}{6}$，所以 $\frac{1}{2} + \frac{1}{3} = \frac{3}{6} + \frac{2}{6} = \frac{5}{6}$。

提問 2　請使用古氏數棒，找出 $\frac{1}{2} + \frac{1}{3} = \square$。

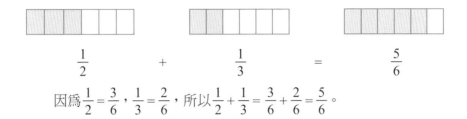

因為 $\frac{1}{2} = \frac{3}{6}$，$\frac{1}{3} = \frac{2}{6}$，所以 $\frac{1}{2} + \frac{1}{3} = \frac{3}{6} + \frac{2}{6} = \frac{5}{6}$。

提問 3　1 盒雞蛋有 6 顆，$\frac{1}{2}$ 盒雞蛋破掉了，之後又買了 1 盒，也有 $\frac{1}{3}$ 盒雞蛋破掉了，請問共有多少盒的雞蛋破掉了？如下圖：

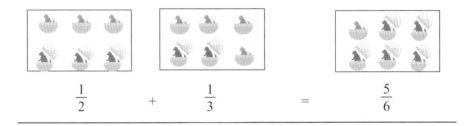

活動 36　分數減法

教學概念

　　分數減法亦可使用三種方式，一為正方形分數板的圖像模式；二可用古氏數棒進行分數減法的解題；最後使用分離量的應用題來解題。

教具使用

　　正方形分數板、古氏數棒

提問 1　請使用正方形分數板，找出 $\dfrac{5}{3} - \dfrac{3}{4} = \square$。

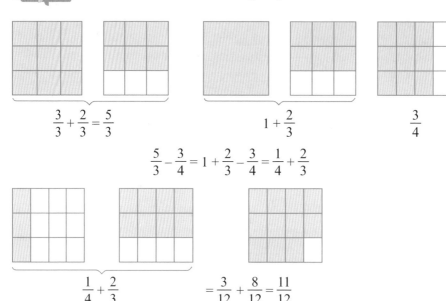

$$\dfrac{3}{3} + \dfrac{2}{3} = \dfrac{5}{3} \qquad\qquad 1 + \dfrac{2}{3} \qquad\qquad \dfrac{3}{4}$$

$$\dfrac{5}{3} - \dfrac{3}{4} = 1 + \dfrac{2}{3} - \dfrac{3}{4} = \dfrac{1}{4} + \dfrac{2}{3}$$

$$\dfrac{1}{4} + \dfrac{2}{3} \qquad\qquad = \dfrac{3}{12} + \dfrac{8}{12} = \dfrac{11}{12}$$

提問 2　請使用古氏數棒，找出 $\dfrac{5}{3} - \dfrac{3}{4} = \square$。

　　學生要先找出 $\dfrac{5}{3} - \dfrac{3}{4}$ 的共同數量，即此數量可同時有 3 和 4 的倍數的數量，即 12，數棒為 1 根橘色與紅色數棒。如下圖：

$$\dfrac{5}{3} = \dfrac{20}{12}$$

$$1 = \dfrac{3}{3} = \dfrac{12}{12}$$

$$\dfrac{2}{3} = \dfrac{8}{12}$$

$$\dfrac{3}{4} = \dfrac{9}{12}$$

$$\dfrac{5}{3} - \dfrac{3}{4} = \dfrac{20}{12} - \dfrac{9}{12} = \dfrac{11}{12}$$

提問 3　請問一盒雞蛋有 12 顆，小名有 $\frac{5}{3}$ 盒，之後送給了小華 $\frac{3}{4}$ 盒，請問剩下多少盒？如下圖。

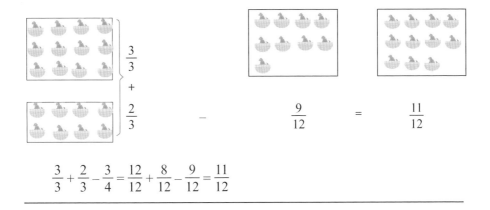

$$\frac{3}{3} + \frac{2}{3} - \frac{3}{4} = \frac{12}{12} + \frac{8}{12} - \frac{9}{12} = \frac{11}{12}$$

3. 分數乘法的教學活動

　　分數乘法的迷思概念，學童會發現當乘數小於 1 的時候，數字會越乘越小。這與之前所學，乘法應該要越乘越大的觀念相反。雖然學童可用累加的策略來解決乘法問題，如 $\frac{1}{2} \times 3$ 或是 $3 \times \frac{1}{2}$，也就是 $\frac{1}{2} + \frac{1}{2} + \frac{1}{2}$。

　　分數的乘法類型，約可分為整數乘分數、分數乘整數、分數乘分數、帶分數乘帶分數四種形式。以下依活動 37 到活動 40 來表述。

　　活動 37 為整數乘分數，有三種乘法概念，如整體與部分、比較型乘法與面積型乘法，均使用圖示進行三種方法的比較。

　　活動 38 為分數乘整數，可分為群組型乘法、比較型乘法與比例型乘法，均使用圖示進行三種方法的比較。

　　活動 39 為分數乘分數，本情境設計於題意較難理解，可分為分離量與連續量兩種模式進行說明。

　　活動 40 為帶分數乘帶分數，為利於理解，使用面積模式進行說明。

活動 37 整數乘分數

教學概念

於整數乘分數的類型，可分為整體與部分的關係、比較型乘法與面積型乘法三種。整體與部分的關係，即將 1 視為全體，分數部分即為部分；比較的概念即為兩個整體進行倍數的比較；最後面積型的乘法，如使用長方形面積，即長與寬等進行乘法計算。

提問順序

1. 整體與部分關係

提問 1　謙如有 12 個百寶箱，有 $\frac{2}{3}$ 是與同學換來的，請問她換來的百寶箱有幾個？

$$12 \times \frac{2}{3} \qquad = \qquad 8$$

其解為 $12 \times \frac{2}{3} = 8$，為謙如換來的百寶箱，另外的 $\frac{1}{3}$ 則不是。

2. 比較型乘法

提問 2　謙如有 12 本繪畫簿，偉強的繪畫簿是她的 $\frac{2}{3}$ 倍，請問偉強有幾本繪畫簿？

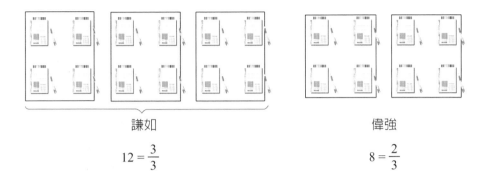

謙如

偉強

$$12 = \frac{3}{3}$$

$$8 = \frac{2}{3}$$

其解為 $12 \times \frac{2}{3} = 8$。偉強的繪畫簿是謙如的 $\frac{2}{3}$ 倍，是兩個整體的比較。

3. 面積模式

提問 3　黎慧有一個長為 12 公尺、寬為 $\frac{2}{3}$ 公尺的長方形花園，請問黎慧的長方形花園有幾平方公尺？

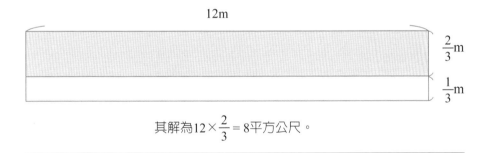

其解為 $12 \times \frac{2}{3} = 8$ 平方公尺。

活動 38　分數乘整數

教學概念

於分數乘整數的類型，可分為群組型乘法、比較型乘法概念與比例型

乘法概念。群組型乘法即為一組或一群的乘法組合，比較型即兩個整體進行倍數的比較，比例型即為使用公里或公尺進行比例尺的比較概念。

提問順序

1. 群組型乘法

提問 1　每瓶裝有 $\frac{3}{4}$ 公升的汽水，立人有 6 瓶，請問他有多少公升的汽水？

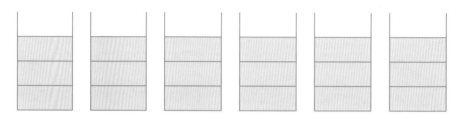

其解為應為 $\frac{3}{4} \times 6 = \frac{3}{4} + \frac{3}{4} + \frac{3}{4} + \frac{3}{4} + \frac{3}{4} + \frac{3}{4} = \frac{9}{2}$ 公升。

本乘法類型與算式 $6 \times \frac{3}{4}$ 不同，在於 $\frac{3}{4}$ 是倍數概念，如活動 37 所述整數乘分數的概念。

2. 比較型乘法

提問 2　謙如有 $\frac{2}{3}$ 盒巧克力，偉強的巧克力是他的 3 倍，請問偉強有多少盒巧克力？

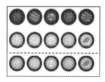

謙如：$\frac{2}{3}$ 盒

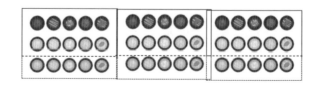

偉強：$\frac{2}{3} \times 3 = 2$ 盒

3. 比例型乘法

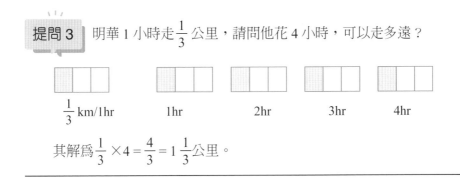

提問 3　明華 1 小時走 $\frac{1}{3}$ 公里，請問他花 4 小時，可以走多遠？

$\frac{1}{3}$ km/1hr　　　　1hr　　　　2hr　　　　3hr　　　　4hr

其解爲 $\frac{1}{3} \times 4 = \frac{4}{3} = 1\frac{1}{3}$ 公里。

活動 39　分數乘分數

教學概念

　　分數乘分數的概念較難理解，在於乘數與被乘數均爲分數。學生對於兩個分數相乘需用圖像表示，將有助於解題。分數乘分數類型，可有連續量與分離量兩種類型，以下爲連續量與分離量的情境設計。

提問順序

1. 連續量

提問 1　曉林有 $\frac{2}{3}$ 個蛋糕，若曉林將他的 $\frac{1}{2}$ 給了阿德，請問阿德的蛋糕占全部的多少？

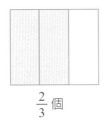

$\frac{2}{3}$ 個

$\frac{2}{3} \times \frac{1}{2} = \frac{2}{6} = \frac{1}{3}$ 個

其解爲 $\dfrac{2}{3} \times \dfrac{1}{2} = \dfrac{1}{3}$ 個蛋糕。

2. 分離量

提問 2　一盒草莓有 9 顆，達臨有 $\dfrac{2}{3}$ 盒，給了巧軒 $\dfrac{1}{2}$，請問巧軒的草莓占了全部的多少？

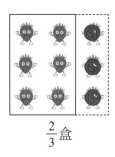

$\dfrac{2}{3}$ 盒

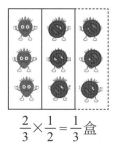

$\dfrac{2}{3} \times \dfrac{1}{2} = \dfrac{1}{3}$ 盒

其解爲 $\dfrac{2}{3} \times \dfrac{1}{2} = \dfrac{1}{3}$ 盒。

活動 40　帶分數乘帶分數

教學概念

　　因帶分數乘帶分數爲大於 1 的分數情況，使用面積模式較能解釋帶分數乘帶分數的圖示概念。以下以 $2\dfrac{2}{3} \times 3\dfrac{1}{4}$ 來表示其面積的乘法概念。

提問順序

提問 1　有一長爲 $2\dfrac{2}{3}$ 公尺、寬爲 $3\dfrac{1}{4}$ 公尺的長方形花園，請問面積爲多少？

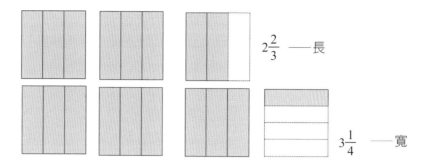

算式為 $2\dfrac{2}{3} \times 3\dfrac{1}{4} = (2+\dfrac{2}{3})\times(3+\dfrac{1}{4})$

其分配律為 $2\times3 + 2\times\dfrac{1}{4} + \dfrac{2}{3}\times3 + \dfrac{2}{3}\times\dfrac{1}{4} = 6 + \dfrac{1}{2} + 2 + \dfrac{2}{12} = 8\dfrac{8}{12}$

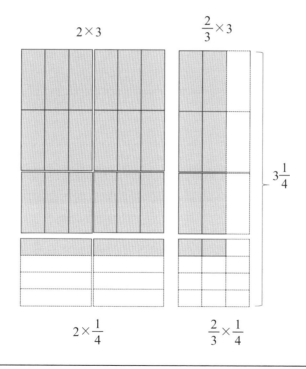

4. 分數除法的教學活動

　　分數除法是高年級學生需要突破的觀念。分數的除法類型，可分為整數除整數、分數除整數、整數除分數、分數除分數四種形式。以下依此分別論述。以上每種形式都可有兩種除法類型，分別為等分除與包含除。以下從活動 41 至活動 44 介紹分數的除法類型。

　　活動 41 為整數除整數，為協助埋解整數除分數的除法情境，以等分除與包含除兩種除法，均以數線與分離量的圖示說明。

　　活動 42 為分數除整數，可分為等分除與包含除兩種題型，等分除以數線模式，包含除以分離量模式說明。

　　活動 43 為整數除分數，僅有包含除題型，以連續量與數線模式的圖示說明。

　　活動 44 為分數除分數，僅有包含除題型，可分為商可整除與不可整除的情況，商可整除為分離量，商不可整除為連續量模式圖示說明。

活動 41　整數除整數

教學概念

　　整數除整數，商為分數即為無法整除的情況，可能存在於除數比被除數大，如 $2 \div 3$，這時就需要有圖像協助學生對於整數除整數關係的了解，依除法類型，可分為等分除與包含除兩種除法類型。

提問順序

1. 等分除：有關等分除的概念在於有多少數量，進行平均分配的方式，以得到每份的數量都需相等。

提問 1　依山有 5 片吐司，平分給 3 位朋友，每位朋友可得到幾片吐司？

　　算式為 $5 \div 3 = \dfrac{5}{3} = 1\dfrac{2}{3}$

數線模式

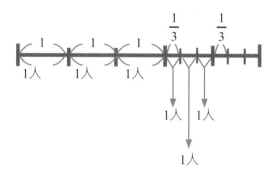

分離量模式

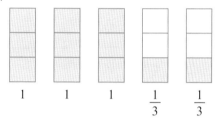

$$(1 + 1 + 1 + \frac{3}{3} + \frac{3}{3}) \div 3 = 1\frac{2}{3}$$

先將 3 片吐司分給 3 位朋友，每人分得 1 片吐司，再將剩下的 2 片吐司，每片切成 3 等分，每人可得 $\frac{1}{3}$ 片，因剩下 2 片，得 $\frac{2}{3}$ 片，所以每個人分得 $1\frac{2}{3}$ 片。

2. 包含除： 包含除的意義在於每一份的數量，全部可分出多少的概念。

提問 2　吉田有 5 瓶氣泡水，每 3 瓶為一箱，可分幾箱？

算式為 $5 \div 3 = \dfrac{5}{3} = 1\dfrac{2}{3}$

數線模式

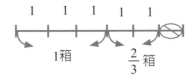

分離量模式

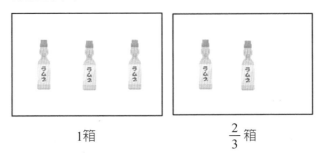

活動 42　分數除整數

教學概念

　　分數除整數是比整數除整數更為困難的概念，當學生理解整數除整數後，即可進一步引導學生分數除整數的除法概念，亦可分為等分除與包含除兩種除法類型。

提問順序

　　有關分數除整數，同時也包含帶分數除整數的情況，有下列兩種除法類型。

1. 等分除：等分除的概念在於有多少數量，進行平均分配，得到每份的數量都相等。

 提問 1　斯達有 $1\frac{4}{5}$ 公尺長的緞帶，平分給 3 位同學，每位同學可得到多長的緞帶？

數線模式

$$1\frac{4}{5} \div 3 = \frac{9}{5} \div 3 = \frac{3}{5} \text{ 公尺}$$

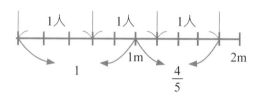

2. 包含除：包含除的意義在於每一份有多少數量，全部可分出多少份的概念，與等分除不同。

 提問 2　仁華有 $3\frac{2}{3}$ 盒的馬卡龍，想要每 2 盒分 1 箱，可分幾箱？

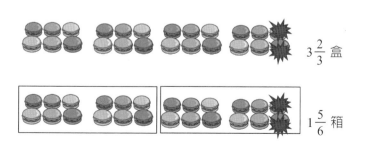

$$\frac{6+6}{12}=\frac{12}{12}=1\ \text{箱} \qquad\qquad \frac{10}{12}=\frac{5}{6}\ \text{箱}$$

算式 $3\frac{2}{3}\div 2=\frac{18+4}{12}=\frac{12+10}{12}=1\frac{10}{12}=1\frac{5}{6}\ \text{箱}$

活動 43　整數除分數

教學概念

　　整數除分數，同時也包含整數除帶分數的情況。也可視為小數除分數的情況。當除數為分數或為帶分數時，沒有等分除的類型，只能以包含除的方式解釋。等分除的類型並不合理，如庭芳有 4 塊蛋糕，平分給 $\frac{1}{2}$ 個人，每人可得幾塊蛋糕？這樣的生活情境並不存在。相對的若為包含除，如庭芳有 4 塊蛋糕，每 $\frac{1}{2}$ 塊裝 1 盤，可裝幾盤？這樣的情況，才較為合理。比例型的乘法概念亦可用於本題型，以下以包含除與比例型的題型說明。

提問順序

1. 包含除：包含除的意義在於每一份的數量，全部可分出多少的概念。

 提問 1　恩靈有 3 瓶礦泉水，每 $\frac{2}{3}$ 瓶倒 1 杯，可分幾杯？

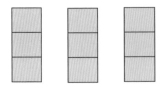

先將每瓶礦泉水分 3 份，共有 $\frac{9}{3}$ 瓶，每 $\frac{2}{3}$ 瓶倒 1 杯。

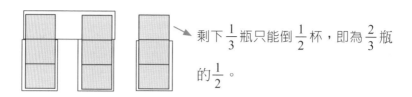

剩下 $\frac{1}{3}$ 瓶只能倒 $\frac{1}{2}$ 杯，即為 $\frac{2}{3}$ 瓶

的 $\frac{1}{2}$ 。

算式為 $3 \div \frac{2}{3} = \frac{9}{3} \div \frac{2}{3} = 9 \div 2 = 4\frac{1}{2}$ 杯。

2. 比例型：比例型的除法概念，為應用比例概念來解決生活問題。

提問 2　哈利早上有晨跑的習慣，他花 $\frac{4}{5}$ 小時跑了 3 公里，請問 1 小

時跑幾公里？

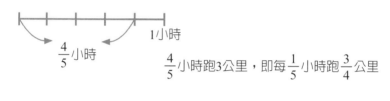

$\frac{4}{5}$ 小時

1小時

$\frac{4}{5}$ 小時跑3公里，即每 $\frac{1}{5}$ 小時跑 $\frac{3}{4}$ 公里

$3 \div 4 = \frac{3}{4}$，$\frac{3}{4} \times 5 = \frac{15}{4}$ 公里

比例式為 $\frac{4}{5} : 3 = 1 : \square$

$\frac{4}{5}$ 小時　　3公里

1小時　　$\frac{4}{5} : 3 = 1 : \square$　$\square = 3 \div \frac{4}{5}$　$\square = \frac{15}{4}$ 公里

活動 44　分數除分數

教學概念

於分數除分數的情況，因其除數爲分數，故爲包含除類型，可將題型分爲商數可整除與不可整除的情況。

提問順序

1. 商可被整除

提問 1　玫琴有 $4\frac{12}{15}$ 盒巧克力，每 $\frac{6}{15}$ 盒分給 1 位同學，可分給幾位同學？

算式爲 $4\frac{12}{15} \div \frac{6}{15} = 12$ 人

分離量模式

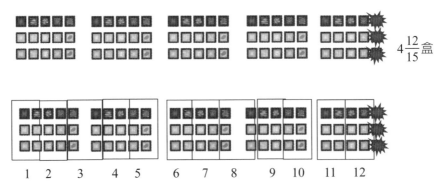

$$4\frac{12}{15} \div \frac{6}{15} = \frac{72}{15} \div \frac{6}{15} = 12$$ 人

2. 商不可被整除

 波特為了要蓋網球場，每一座需要 $\frac{3}{4}$ 包的水泥。如果他有 $3\frac{2}{3}$ 包水泥，請問他會完成多少座網球場？未完成的網球場蓋了多少？

連續量模式

    $3\frac{2}{3}$ 包

 $\frac{3}{4}$ 包

1個$\frac{3}{4}$　　2個$\frac{3}{4}$　　3個$\frac{3}{4}$　　4個$\frac{3}{4}$　　$\frac{8}{9}$個$\frac{3}{4}$

$3\frac{2}{3} \div \frac{3}{4}$ 可分 4 個 $\frac{3}{4}$ 和 $\frac{8}{9}$ 個 $\frac{3}{4}$，所以完成 4 座網球場，而未完成的網球場只蓋了 $\frac{8}{9}$ 座。

算式為 $3\frac{2}{3} \div \frac{3}{4} = \frac{11}{3} \div \frac{3}{4} = \frac{44}{12} \div \frac{9}{12} = 4\frac{8}{9}$

5. 其他的分數教學活動

　　有別於分數的四則運算，活動 45 為分數的擬題活動，在於要求學生以算式進行擬題的設計，並畫出圖示，學生經由此活動可建立整數與分數乘法與除法的觀念，並理解分數乘法與除法的意義。

　　活動 46 為數學家丟番圖的生命數線，為分數與生活結合的情境設計，有助於學生學習較高難度的分數題型。

活動 45 四個算式的擬題

教學概念

　　請學生進行四個算式的擬題，釐清他們對於分數與整數在乘法與除法運算的不同，這四個算式分別為：$\frac{1}{2} \times 4$、$\frac{1}{2} \div 4$、$4 \times \frac{1}{2}$，與 $4 \div \frac{1}{2}$。請學生對這四個算式各想出一個問題，並畫出圖像。

教學用具

　　正方形分數板

提問順序

提問 1 請用 $\frac{1}{2} \times 4$，想一題應用問題？

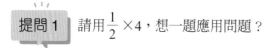

曉華有 $\frac{1}{2}$ 塊 pizza，小青是曉華的 4 倍，請問他有幾塊 pizza？

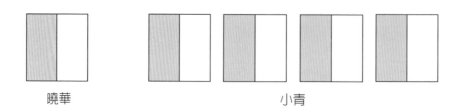

　　　曉華　　　　　　　　　　　　　　　小青

提問 2　請用 $\frac{1}{2} \div 4$ ，想一題應用問題？

曉華有 $\frac{1}{2}$ 塊 pizza，平分給 4 位同學，請問每位同學有幾塊 pizza？

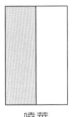

曉華

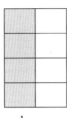

$\frac{1}{2} \div 4$

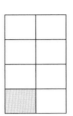

每位分得 $\frac{1}{8}$ 塊

提問 3　請用 $4 \times \frac{1}{2}$ ，想一題應用問題？

曉華有一瓶 4 公升的水，小青只需要曉華的 $\frac{1}{2}$ ，請問小青需要幾公升的水？

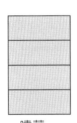

曉華

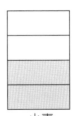

小青

$4 \times \frac{1}{2} = 2$公升

提問 4　請用 $4 \div \frac{1}{2}$ ，想一題應用問題？

曉華有 4 塊 pizza，每 $\frac{1}{2}$ 塊分給 1 位同學，請問可分給幾位同學？

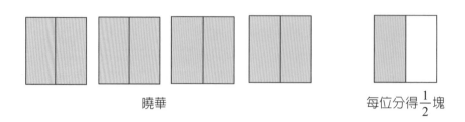

曉華　　　　　　　　　　　　　　　每位分得 $\frac{1}{2}$ 塊

由上圖可知曉華的 4 塊 pizza 可被切爲 8 個 $\frac{1}{2}$，共可分給 8 人。

活動 46　**數學家丟番圖的生命數線**

有一位數學家丟番圖的墓碑刻著：「他青年期是享年的 $\frac{1}{6}$，又經過了享年的 $\frac{1}{12}$ 後才開始蓄鬚，蓄鬚後再經過其享年的 $\frac{1}{7}$ 他結婚了，結婚後 5 年生一子，其子的享年爲父享年的一半，而他於其子死後 4 年去世。」則丟番圖結婚時是幾歲？

教學概念

丟番圖的墓碑是有名的分數題目，需同時使用分數的加法與乘法概念，題目有其難度，學生需從邏輯推斷，理解題目的意義進行解題。

提問順序

 提問 1　要如何設未知數呢？

可將丟番圖全部的年齡設爲 □。

數線模式：

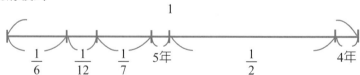

提問 2　要如何列出算式？

$$\Box = \frac{1}{6} \times \Box + \frac{1}{12} \times \Box + \frac{1}{7} \times \Box + 5 + \frac{1}{2} \times \Box + 4$$

提問 3　求□的解？

$$\Box = (\frac{1}{6} + \frac{1}{12} + \frac{1}{7} + \frac{1}{2}) \times \Box + 5 + 4 = (\frac{14 + 7 + 12 + 42}{84}) \times \Box + 5 + 4$$

$$\frac{84 - 75}{84} \times \Box = 9，\Box = 84 \text{ 歲}$$

提問 4　結婚的時候年齡為？

$$\frac{1}{6} + \frac{1}{12} + \frac{1}{7} = \frac{33}{84}$$

$$\frac{33}{84} \times 84 = 33 \text{ 歲}$$

第3章

小數的教學實務

有鑑於臺灣 108 年提出十二年國民基本教育提升數學素養的重要（教育部，2018），本章整理小數的課程標準、相關的文獻與相對應的教學活動。

一、課程標準：NCTM（2000）與教育部（2018）的比較

數與計算向度	3-5 NCTM	臺灣數學能力指標
能熟練計算與進行合理估算。	· 對於生活上使用分數與小數的情境，能發展並能使用策略進行估測。 · 能使用圖像模式，如數線標記或其他方式，來對分數與小數進行加法和減法。 · 能選擇適當的方法和工具，如從心算、估測、計算機與使用紙筆的方式，依使用的情境來選擇計算的方式。	N-3-10 一位小數：認識小數與小數點。結合點數、位值表徵、位值表。位值單位「十分位」。位值單位換算。比較、加減（含直式計算）與解題。 N-4-6 等值分數：由操作活動中理解等值分數的意義。簡單異分母分數的比較、加、減的意義。簡單分數與小數的互換。 N-4-7 二位小數：位值單位「百分位」。位值單位換算。比較、計算與解題。用直式計算二位小數的加、減與整數倍。 N-4-8 數線與分數、小數：連結分數與小數長度量的經驗。以標記和簡單的比較與計算，建立整數、分數、小數一體的認識。

數與計算向度	3-5 NCTM	臺灣數學能力指標
		N-5-8　小數的乘法：整數乘以小數、小數乘以小數的意義。乘數為小數的直式計算。教師用位值的概念說明直式計算的合理性。處理乘積一定比被乘數大的錯誤類型。
		N-5-9　整數、小數除以整數（商為小數）：整數除以整數（商為小數）、小數除以整數的意義。教師用位值的概念說明直式計算的合理性。能用概數協助處理除不盡的情況。熟悉分母為2、4、5、8之真分數所對應的小數。

數與計算向度	6-8 NCTM	臺灣數學能力指標
理解數字，數字的表徵方式，數字的關係與數字的系統。	·能對分數、小數與百分比的解題應用自如。 ·能在數線上，有效率地比較分數、小數與百分比大概的相對應位置。	N-7-3　負數與數的四則混合運算（含分數、小數）：使用「正、負」表徵生活中的量；相反數。
理解運算的意義與運算的相互關係。	·理解算式運算在分數、小數與整數的功能與意義。 ·能使用加法與乘法結合律和交換律，以及乘法和加法的分配律，以簡化運算在分數、小數與整數的情境。	N-6-4　小數的除法：整數除以小數、小數除以小數的意義。直式計算。教師用位值的概念說明直式計算的合理性。處理商一定比被除數小的錯誤類型。

數與計算向度	6-8 NCTM	臺灣數學能力指標
能熟練計算與進行合理估算。	·於分數和小數，能從心算、估測、計算機和電腦、紙筆計算來選擇適當的方法和工具，並能應用所選擇的方法。 ·能發展與分析在分數、小數和整數的算式，以及計算的流暢性。 ·能發展和使用策略來估測有理數計算的結果，並能判斷結果的合理性。	N-6-5　解題：整數、分數、小數的四則應用問題。二到三步驟的應用解題。含使用概數協助解題。

小數的課程標準可分為 3-5 與 6-8 兩個年段進行探討。

(一)3-5

於此階段，NCTM 標準有 1 個向度，3 個指標。

1. 能熟練計算與進行合理估算
　　a. 對於生活上使用分數與小數的情境，能發展並能使用策略進行估測。
　　b. 能使用圖像模式，如數線標記或其他方式，來對分數與小數進行加法和減法。
　　c. 能選擇適當的方法和工具，如從心算、估測、計算機與使用紙筆的方式，依使用的情境來選擇計算的方式。
　　於此重點有三項，一為發展估測，需使用適當的情境來發展估測；二為使用圖像模式來發展小數的加法與減法；三為使用適當的工具，如心算、估測、計算機與紙筆的方式，依據使用的情境來選擇這些工具。
　　臺灣的課程標準於三年級開始進行小數的教學，如 N-3-10，著重一

位小數的認識，使用小數與小數點於位值概念的建立。但在一開始學習小數的方向上，並未強調估測的重要性，僅強調在位值的認識，之後進行位值單位的換算。

於四年級時有三個重點，一為重於分數與小數的互換，如 N-4-6；二為重於百分位，即二位小數的加減法與倍數計算，如 N-4-7；三為使用數線在分數與小數的連結，建立分數與小數的觀念，如 N-4-8。

於五年級有二個重點，如 N-5-8 與 N-5-9。一為小數與整數的乘法，教師須將重點放在乘數與積數的關係，即小數乘法的結果不一定會越乘越大；另一為小數與整數的除法，教師須協助學生認識除不盡的小數，也需介紹分母為 2、4、5、8 的真分數所對應的小數。

(二)6-8

於此階段，NCTM 標準有 3 個向度，7 個指標。

1. 理解數字，數字的表徵方式，數字的關係與數字的系統

　a. 能對分數、小數與百分比的解題應用自如。

　b. 能在數線上，有效率地比較分數、小數與百分比大概的相對應位置。

於此階段的重點為理解數字的關係與數字系統，即著重於分數、小數與百分比的解題；學生能使用數線，有效率地比較分數、小數與百分比的相對應的位置。從分數、小數與百分比的關係來看，**美國的課程標準重視小數的數字概念，相對比較分數與百分比可更清楚釐清小數的觀念。**

2. 理解運算的意義與運算的相互關係

　a. 理解算式運算在分數、小數與整數的功能與意義。

　b. 能使用加法與乘法結合律和交換律，以及乘法和加法的分配律，以簡化運算在分數、小數與整數的情境。

於本向度為理解運算的意義與運算的關係，在於學生要了解分數、小數與整數的意義。再者，對於如何應用加法與乘法交換率與分配律，於情境的應用以簡化數字的運算。

3. 能熟練計算與進行合理估算

　　a. 於分數和小數，能從心算、估測、計算機和電腦、紙筆計算來選擇適當的方法和工具，並能應用所選擇的方法。

　　b. 能發展和分析在分數、小數和整數的算式與計算的流暢性。

　　c. 能發展和使用策略來估測有理數計算的結果，並能判斷結果的合理性。

　　於此一向度可使用適當的方法，如心算、估測、計算機和電腦、紙筆計算來解決小數與分數的問題；能分析分數、小數和整數的算式，使計算更加流暢。最後能發展估測的策略，以檢視答案的合理性。

　　於臺灣的課程標準，則重視小數的除法，如 N-6-4，整數除以小數，小數除以小數的計算能力及重視整數、分數與小數的四則應用問題，如 N-6-5。於七年級則加入負數與正數的四則運算，使用相反數等。

　　參考 NCTM 的課程標準，臺灣的課程標準有三個方向需要改變，

1. 需將小數的估測列入重點，因小數的估測可發展對小數的量感。

2. 重視不同策略的使用，如心算、估測、計算機和電腦、紙筆計算等不同測量的工具，而不是只著重於紙筆計算。

3. 應重視分數、小數與百分比三者間的概念，從情境設計比較三者間的相互關係。

二、小數的學習

　　小數的使用，可追溯到西元前 2400 年。當時的巴比倫人就用數字記錄極小的量，其已具有小數的位值概念，所使用的位值是 60 進位（Thipkong, 1988）。而中國使用十進位記數，小數的應用開始得很早，在劉徽所注的《九章算術》中，當開方開不盡時，所說的「微數」就是指小數。

(一)小數的學習階段

Hiebert 與 Wearne（1991）提出小數的四個學習階段：連結、發展、精緻與熟練、抽象。「連結」階段是指教師透過學生已熟悉的表徵，如具體物、圖像、分數符號等，可幫助學生連結小數符號；「發展」階段是指透過具體操作，如百格板或圖像，可讓學生了解小數的數值意義；「精緻與熟練」階段是指脫離具體的操作，直接使用小數符號進行運算；「抽象」階段是指能使用小數符號當作另一個數學概念，須完全精熟小數意義才可達至這個階段。

D'Entremont（1991）提出「**小數學習的洋蔥模式**」（the onion model of decimal number learning），認為小數學習的認知過程有五種層次，每一種層次是被外面的層次逐層所包圍的。

1. **具體物的層次**（the concrete-objective layer）：具體物的層次是小數學習的第一個步驟，教師必須透過真實世界可見的物體來引導學童進入小數的世界。

2. **操作說明的層次**（the operative-interpretive layer）：操作說明的層次所指的是學生透過操作具體物的結果，了解小數符號意義及其規則，其教學內容包括小數符號的介紹以及如何應用小數符號。

3. **程序的層次**（the procedural layer）：程序的層次是指學生在操作說明層次所學的計算規則，可以不依賴具體物的操作，單獨地使用小數符號的運算規則。

4. **心智模式的層次**（the mental model layer）：在程序的層次中，學生只依循規則，使用程序性知識來解題，但並不知道為什麼是這樣的解題程序。雖然大部分學童在程序層次時的計算表現可以表現不錯，但學童必須進入心智模式的層次，才能清楚地知道他們解題時的理由。

5. **抽象的層次**（the abstract layer）：小數學習的認知過程最後一層是抽象的層次，在此層次學生對於小數已有不錯的直覺，不再需要具體物來幫助理解，能知道小數問題的「如何做」及「為什麼」，學童只有到達這個層次，才可說是真正獲得小數的概念。

劉曼麗（2005；2006）認為小數的概念起源，來自於測量以及分數的部分整體關係。在數學的學習過程中是先學習整數與分數的概念，再學習小數，因此整數與分數的概念會影響小數的學習。

(二)為什麼要使用小數？

Baroody 與 Coslick（1998）提出兩個理由：**第一就是易於比較**，如要比較兩個分數的大小時，若將分數化為小數，則結果顯而易見；**第二就是易於計算**，如果兩個分數（不同分母）互相加減，化為小數，因都基於十進位的基礎，所以較便於計算。

(三)小數的學習困難

學生在學習時出現小數的學習困難，有以下六方面（謝如山與潘鳳琴，2014，p. 210）：

1. **小數的位值劃錯**：大部分教師使用定位板，目的在於讓三年級學生知道小數與整數的不同（劉曼麗，2002），但定位板的使用只在名稱上的建立。若是要協助學生在概念上的建立，學生要能了解具體物，如積木，操作的歷程，才能看到持續的學習成效。

2. **建立整數與小數的關係**：整數與小數關係的建立需要教具的連結，如果不使用教具來教小數，是相當困難的。例如：0.99 與 1 的分別（劉曼麗，1998）。在教學上，若使用百格板當作 1，可以看出 0.99 就是 99 個小白積木，所以 0.99 與 1 就是差在 1 個小白積木。因此建立學生在百格板與 1 個小白積木間的具體圖像是必要的步驟。

3. **小數的意義不清楚**：如學童不知 0.5 的 0 所代表的意義（劉曼麗，2002；陳永峰，1998）。0.5 如果用一個橘色積木與黃色積木的關係來看，黃色積木是橘色積木的 0.5 倍；相對的，若是問說橘色積木是幾個黃色積木呢？答案是 2 個黃色積木。教師若從相對性的比較觀點進行教學，則更能協助學生了解小數的意義。所以，使用在具體物，如橘色積木與黃色積木的相對關係進行比較，則更能促進學生在小數概念與

整數倍關係的具體了解。

4. **不同分母或是不同的進位概念產生小數與分數的混淆**：小學在處理時間的觀念上，常會出現 $\frac{1}{10}$ 小時是 10 分鐘的錯誤答案，或是出現 $\frac{1}{6}$ 小時是 6 分鐘的錯誤迷思。雖然這兩種錯誤都是時間的位值錯誤，但是是源自於兩種不同的想法，第一種想法是學生對於時間是六十進位的想法產生疑惑，第二種錯誤則是學生在小數與分數的連結上有錯誤認知，如學生認為 $\frac{1}{10} = 0.1$，而錯誤地認知以為 $\frac{1}{2} = 0.2$、$\frac{1}{3} = 0.3$、$\frac{1}{6} = 0.6$ 等（劉曼麗，2002）。

5. **小數比大小的概念**：學生會有錯誤的想法認為小數點後的數字越多，其數字越大，例如：0.123 大於 0.2；或是有些學童認為小數點後的數字越多，其值越小，如 0.22 大於 0.2222（吳昭容，1996；郭孟儒，2002；劉曼麗，2002）。

6. **小數單位的轉換錯誤**：學生在進行單位的轉換時，如公里與公尺，或是公尺與公分，學生可能將 3.7 公尺視為 3 公尺 7 公分（陳永峰，1998）。於此即在於學生建立單位觀念時，所產生的混淆。在長度教學，或是涉及測量的相關概念時，如容量、重量、時間等，教師要能設計可以讓學生進行實作的測量課程，以讓學生能有具體的操作經驗，較能提供小數概念的正確表示。

三、小數的四則運算

　　小數、分數與整數都有相互關係，以小數「0.23」為例，與分數 $\frac{23}{100}$ 意義相同；記錄方式也和整數相同，均為「左邊位置的位值是相鄰右邊位置的 10 倍」，如個位的位值是十分位位值的十倍，十分位的位值是百分位位值的十倍等；於此可看出小數、分數與整數密不可分的關係。

　　Resnick 等（1989）認為，整數與分數的先備知識為小數學習的基礎，但也會影響學童於小數概念的建構，形成小數的迷思概念。Hiebert

（1992）將小數、整數、分數的異同，依其提出的三種小數知識系統作分類比較，如下「整數、分數和小數的比較表」。

　　關於小數的四則運算，在進入正式的四則運算之前，應先介紹小數的位值，再介紹小數的加法、減法、乘法與除法。以下分別敘述。

(一)小數的位值

　　建立小數的位值概念，需連結國小三年級學生於整數與分數的學習，再建立小數的位值概念。學生剛開始建立小數概念時，最簡單的小數即爲 0.1，而 0.1 在分數的表示爲 $\frac{1}{10}$。可使用皮尺與古氏數棒的長度連結小數與分數概念。之後於國小四年級引入 $0.01 = \frac{1}{100}$ 的小數百分位概念，教師可使用皮尺或是百格板的面積模式進行教學。最後建立 $0.001 = \frac{1}{1,000}$ 之小數的千分位概念，教師可使用千格板的具體方式進行教學。

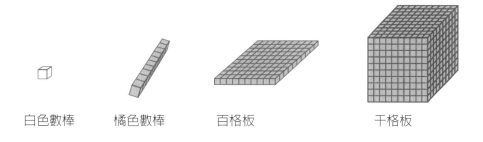

白色數棒　　　橘色數棒　　　　百格板　　　　　　千格板

(二)小數的加法

　　小數的加法爲國小三年級與四年級課程，先介紹一位小數與一位小數的加法，之後於四年級引入二位小數與三位小數的加法。剛開始進行小數加法，建議使用古氏數棒協助學生操作，建構清楚的小數概念。因小數的加法與整數加法類似，亦可使用整數加法的數字拆解進行運算，於下節的活動亦對小數加法的數字拆解舉例說明。小數的加法應用問題亦可分爲併加與添加題型，又可細分爲和未知、加數未知與被加數未知等三種子類型。

整數、分數和小數的比較表（Hiebert, 1992）

整數（whole numbers）	分數（common fractions）	小數（decimal fractions）
・形式：abc	・形式：a/b	・形式：ab.c
・十進位，最小單位為最右邊的位值 ・一個位置的數值是由該數字與其所在的位值結合而成 ・全部的數值是所有數字的數值加起來的	・分母代表被分割的基本單位，這單位是暗示的 ・分子代表幾部分的基本單位	・十進位，最小單位為最右邊的位值 ・一個位置的數值是由該數字與其所在的位值結合而成 ・全部的數值是所有數字的數值加起來的
・加減法採對齊位值的方式，作進位、退位的計算 ・乘法採多步驟的運算方式 ・除法採多步驟的運算方式 ・從最大的位值開始比較大小	・加減法採通分，使分母相同後，分子進位、退位的計算 ・乘法採分母乘分母、分子乘分子的運算法則 ・除法採將除數的分子、分母顛倒後，再相乘的運算法則 ・比較大小時，先通分，分母相同後，再比較分子	・加減法採對齊位值的方式，作進位、退位的計算 ・乘法與整數同，點上小數點 ・除法與整數同，點上小數點 ・從最大的位值開始比較大小
離散量	連續量	連續量

(三)小數的減法

　　國小三年級引入一位小數的減法，四年級進行二位與三位小數的計算。剛開始進入小數的減法，亦可使用古氏數棒等具體物協助學生操作。當然，數字拆解的策略亦適用於小數減法。減法題型如同整數減法，可分為拿走型、比較型與追加型等三種題型，每一題型又可細分為差未知、減數未知與被減數未知等三種子題型。

(四)小數的估算

　　小數估算是國小的重要課程，也是建立數感的關鍵。估算是一種簡便的計算策略，如身高估算，估算長度、重量、容量、時間、角度、體積等，而如何使用估算的方法如四捨五入法、無條件捨去法、無條件進位法等，都需學生依實際情境應用。

(五)小數的乘法

　　小數乘法於國小五年級介紹，由於小數乘法難度較高，於本章對小數、分數與整數乘法的相互關係均分別介紹，可分為小數乘整數、整數乘小數、小數乘小數、小數乘分數、分數乘小數等類別。

(六)小數的除法

　　小數除法於國小六年級學習，難度更高。於本章對小數、分數與整數乘法的相互關係均分別介紹，可分為小數除整數、整數除小數、小數除小數、小數除分數、分數除小數等類別。

四、小數的教學

　　以下可分為小數的教學活動階層與小數的教學活動，說明如下：

(一)小數的教學活動階層

1. 小數的位值
三年級
活動 47：建立整數 1、分數 $\frac{1}{10}$ 與小數 0.1 的關係
活動 48：破除小數的迷思，$\frac{1}{2} = 0.2$

四年級
活動 49：應用長度模式，建立整數 1、分數 $\frac{1}{100}$ 與小數 0.01 的關係
活動 50：應用面積模式，建立整數 1、分數 $\frac{1}{100}$ 與小數 0.01 的關係
活動 51：應用長度模式，建立整數 1、分數 $\frac{1}{20}$ 與小數 0.05 的關係
活動 52：應用面積模式，建立整數 1、分數 $\frac{1}{5}$ 與小數 0.2 的關係
活動 53：應用體積模式，建立整數 1、小數 0.1、0.01 與 0.001 的關係
活動 54：小數比大小

2. 小數的加法
三年級
活動 55：一位小數的加法
活動 56：小數加法的數字拆解
活動 57：多位小數的加法情境設計
活動 58：破解小數加法應用問題

3. 小數的減法
三年級
活動 59：一位小數減法
活動 60：小數減法的數字拆解
活動 61：破解小數減法應用問題

4. 小數的加法與減法
三年級
活動 62：建立小數加減法運算概念

5. 小數的估算
四年級
活動 63：小數的估算
活動 64：誰是最佳估測王
活動 65：四捨五入法、無條件進位法與無條件捨去法的小數估算

6. 小數的乘法
四年級
活動 66：小數乘整數
五年級
活動 67：整數乘小數
活動 68：小數乘小數
活動 69：小數乘分數（教科書未設計）
活動 70：分數乘小數（教科書未設計）

7. 小數的除法
六年級
活動 71：小數除整數
活動 72：整數除小數
活動 73：小數除小數
活動 74：小數除分數（教科書未設計）
活動 75：分數除小數（教科書未設計）

8. 小數與其他概念
五年級
活動 76：小數與時間
活動 77：小數與百分率
活動 78：小數的應用－棒球打擊率
活動 79：小數的應用－棒球防禦率

(二)小數的教學活動

　　小數的教學活動可依三年級到六年級的教學內容，小數的教學與整數、分數的換算密切相關，以下依不同的學習活動分別說明。共可分為八種小數活動，為小數位值、小數加法、小數減法、小數加法與減法、小數估算、小數乘法、小數除法，以及小數與其他概念。

1. 小數的位值教學活動

　　小數的位值有 8 個活動：

　　活動 47 為建立整數 1、分數 $\frac{1}{10}$ 與小數 0.1 的關係。學生可從活動操作，如數棒與皮尺的長度關係，理解整數 1、分數 $\frac{1}{10}$ 與小數 0.1 的長度關係。

　　活動 48 為破除小數的迷思，$\frac{1}{2}$ = 0.2。學生在學習小數與分數的連結時，會從活動 47 發現 $\frac{1}{10}$ = 0.1，之後就會聯想 $\frac{1}{2}$ = 0.2、$\frac{1}{3}$ = 0.3 的迷思概念，所以如何協助學生建立清楚的分數與小數關係相當重要。

　　活動 49 為應用**長度模式**，建立整數 1、分數 $\frac{1}{100}$ 與小數 0.01 的關係。當學生理解 $\frac{1}{10}$ = 0.1 之後，就應建立 $\frac{1}{100}$ = 0.01 的基本概念，本活動亦使用數棒與皮尺的長度測量以進行操作。

　　活動 50 為應用**面積模式**，建立整數 1、分數 $\frac{1}{100}$ 與小數 0.01 的關係。使用數棒與百格板，協助學生進行 $\frac{1}{10}$ = 0.1 與 $\frac{1}{100}$ = 0.01 的操作。

　　活動 51 為應用**長度模式**，建立整數 1、分數 $\frac{1}{20}$ 與小數 0.05 的關係。本活動為進階的位值概念，使用數棒與皮尺建立 $\frac{1}{20}$ = 0.05 的關係，協助學生理解。

活動 52 為應用**面積模式**，建立整數 1、分數 $\frac{1}{5}$ 與小數 0.2 的關係。本活動為進階的位值概念，即建立學生 $\frac{1}{5}$ = 0.2 的概念。

活動 53 為應用**體積模式**，建立整數 1、小數 0.1、0.01 與 0.001 的關係。本活動建立學生 $1 = 1.0 = \frac{1,000}{1,000}$ 的位值關係。教具為白色數棒、百格板與千格板。

活動 54 為小數比大小。當學生理解活動 47 至活動 53 的教具操作後，即可建立心像概念，直接可使用位值來判斷小數的大小。

活動 47　建立整數 1、分數 $\frac{1}{10}$ 與小數 0.1 的關係

教學概念

國小三年級小數概念的學習，應先將之前所學的整數與分數進行連結，再介紹小數的使用，讓學生應用已知的知識對未知的觀念進行學習。如學生需理解 1，可為 1.0，亦可為 $\frac{10}{10}$。於本活動可建立 10 分位的概念。

教具使用

古氏數棒、1 公尺長的皮尺

提問順序

提問 1　你可以發現 1 公尺長的皮尺，是由幾根橘色數棒組成的嗎？

橘色數棒

1 根橘色數棒是 10 公分，學生可將皮尺展開，用 10 根橘色數棒拼起來，剛好是 1 公尺。

提問 2　請問橘色數棒與 1 條皮尺有什麼關係？

學生可以發現 10 根橘色數棒等於 1 條皮尺的長度，1 根橘色數棒是 $\frac{1}{10}$ 條皮尺，10 根橘色數棒是 $\frac{10}{10}$ 條皮尺，也就是 1 條皮尺。

也有學生說 1 根橘色數棒是 0.1 條皮尺，因為 0.1 + 0.1 + 0.1 + ⋯ + 0.1，加 10 次，就是 1.0，也就是 1。0.1 的 1 即為十分位。

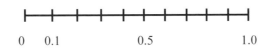

活動 48　破除小數的迷思，$\frac{1}{2} = 0.2$

教學概念

國小三年級學生在學習分數與小數的連結概念後，最常見的迷思概念

就是當學生建立 $\frac{1}{10} = 0.1$ 的關係後，學生會過度類推 $\frac{1}{2} = 0.2$、$\frac{1}{3} = 0.3$ 的迷思概念。教師應使用教具釐清學生於分數與小數的關係。

教具使用

古氏數棒

提問順序

提問 1　請問 $\frac{1}{2} = 0.2$ 嗎？

學生會有 $\frac{1}{2} = 0.2$ 的迷思，在於分母是 2，就很容易產生 0.2 的想法，這是因為 $\frac{1}{10} = 0.1$，分母有 1 的關係。如何協助學生建立對的連結，建議可以使用古氏數棒。

請學生釐清 $\frac{1}{2}$ 與 0.2 各代表的意義。如請學生使用古氏數棒找出哪兩個數棒有 $\frac{1}{2}$ 的關係？如黃色數棒是橘色數棒的 $\frac{1}{2}$，也就可以視為 5 個白色數棒與橘色數棒的關係，也就是 0.5。

學生應找出 0.2 是 2 個白色數棒與橘色數棒的關係，也可以看成 1 個紅色數棒與橘色數棒的關係。所以 $0.2 = \frac{2}{10} = \frac{1}{5}$。

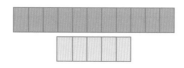

活動 49　應用長度模式，建立整數 1、分數 $\frac{1}{100}$ 與小數 0.01 的關係

教學概念

　　國小四年級小數概念的學習，應先將活動 47 的 1 與 0.1 進行連結，再介紹百分位的使用，讓學生應用已知的知識對未知的觀念進行學習。如學生需理解 1，可為 1.0，亦可為 $\frac{100}{100}$。可建立百分位的概念。

教具使用

　　古氏數棒、1 公尺長的皮尺

提問順序

提問 1　你可以發現 1 公尺長的皮尺，是由幾根白色數棒組成的嗎？

　□白色數棒

　　學生可以發現 1 個白色數棒是 1 公分，是 1 根橘色數棒的 $\frac{1}{10}$，也是 0.1 根橘色數棒。

　　之後可以歸納 1 條皮尺長 100 公分，是 100 個白色數棒，1 個白色數棒是 $\frac{1}{100}$ 條皮尺，也就是 0.01 條皮尺。

提問 2　請問 1cm 與 1m 有什麼關係？

　　學生可以從刻度來看，1m = 100cm，1cm = $\frac{1}{100}$ m = 0.01m。0.01 的 1 即為百分位。

活動 50　應用面積模式，建立整數 1、分數 $\frac{1}{100}$ 與小數 0.01 的關係

教學概念

　　國小四年級小數概念的學習，應先將活動 47 的 1 與 0.1 進行連結，再介紹百分位的使用，讓學生應用已知的知識對未知的觀念進行學習。如學生需理解 1，可為 1.0，亦可為 $\frac{100}{100}$。可建立百分位的概念。

教具使用

　　古氏數棒、百格板

提問順序

提問 1　你可以發現 1 個百格板，是由幾個白色數棒組成的？是由幾根橘色數棒組成的？

答案：學生可以發現 1 個百格板是 100 平方公分，是 10 根橘色數棒，也是 100 個白色數棒組成的。

提問 2　你可以發現 1 個白色數棒，等於幾根橘色數棒？

答案：學生可以發現 1 根橘色數棒是 10 平方公分，是 10 個白色數棒，1

平方公分是 $\frac{1}{10}$ 根橘色數棒，也就是 0.1 根橘色數棒。

提問 3　你可以發現 1 根橘色數棒，等於幾個百格板？

答案：學生可以發現 1 個百格板是 100 平方公分，1 根橘色數棒是 10 平

方公分，10 平方公分是 $\frac{1}{10}$ 個百格板，也就是 0.1 個百格板。

提問 4　你可以發現 1 個白色數棒，等於幾個百格板？

答案：學生可以發現 1 個百格板是 100 平方公分，可以發現 1 平方公分

是 $\frac{1}{100}$ 個百格板，也就是 0.01 個百格板。0.01 的 1 即為百分位。

活動 51　應用長度模式，建立整數 1、分數 $\frac{1}{20}$ 與小數 0.05 的關係

教學概念

　　國小四年級小數概念的學習，應先將活動 50 的 1 與 0.01 進行連結，

如百分位的使用，再介紹 $\frac{1}{20}$，讓學生應用已知的概念對未知的觀念進行

學習。

教具使用

　　古氏數棒、1 公尺長的皮尺

提問順序

提問 1   你可以發現 1 公尺長的皮尺，是由幾根黃色數棒組成的嗎？

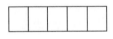
黃色數棒

　　學生可發現 1 根黃色數棒長 5 公分，是橘色數棒的一半，1 條皮尺 100 公分，是 20 根黃色數棒，1 根黃色數棒是 $\frac{1}{20}$ 條皮尺，但是如何轉換成小數呢？學生可以發現 5 公分只占 100 公分的 5 份，所以是 0.05 公尺。

提問 2   請問 5cm 與 1m 有什麼關係？

　　學生可以從刻度來看，1m = 100cm，5cm = $\frac{5}{100}$ m = 0.05m。

提問 3   請問 15cm 與 1m 有什麼關係？

　　學生可以從刻度來看，1m = 100cm，15cm = $\frac{15}{100}$ m = 0.15m。

歸納：所以 1cm = 0.01m，15cm = 0.15m，如果 90cm，就會等於 0.9m。

活動 **52**　應用面積模式，建立整數 1、分數 $\frac{1}{5}$ 與小數 0.2 的關係

教學概念

　　國小四年級小數概念的學習，應先將活動 50 進行連結，再介紹百分位的使用，讓學生應用已知的知識對未知的觀念進行學習。如學生需理解 1，可為 1.0，可為 $\frac{100}{100}$。

教具使用

　　古氏數棒、百格板

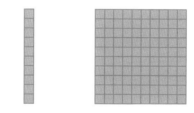

提問順序

提問 **1**　你可以發現 2 根橘色數棒，是幾個百格板？

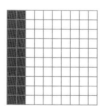

答案：學生可以發現 1 個百格板是 100 平方公分，2 根橘色數棒是 $\frac{2}{10}$、是 $\frac{1}{5}$，也是 0.2 個百格板。

提問 2　你可以發現 20 個白色數棒，是幾個百格板？

答案：學生可以發現 1 個百格板是 100 平方公分，20 個白色數棒是 20 平方公分，是 $\frac{20}{100}$ 個百格板，也是 0.2 個百格板。

提問 3　你可以發現 1 根橘色數棒，是幾個百格板？

答案：學生可以發現 1 個百格板是 100 平方公分，1 根橘色數棒是 10 平方公分，10 平方公分是 $\frac{1}{10}$ 個百格板，也就是 0.1 個百格板。

提問 4　你可以發現 1 個白色數棒，是幾個百格板？

答案：學生可以發現 1 個百格板是 100 平方公分，1 個白色數棒是 1 平方公分，是 $\frac{1}{100}$ 個百格板，也就是 0.01 個百格板。

活動 53　應用體積模式，建立整數 1、小數 0.1、0.01 與 0.001 的關係

教學概念

　　國小四年級學生使用百格板理解 0.01 後，可使用千格板進行 0.001 的教學。應先將活動 50 進行連結，再介紹千分位的使用，讓學生應用已知的知識對未知的觀念進行學習。如學生需理解 1，可為 1.0，可為 $\frac{1,000}{1,000}$。可建立千分位的概念。

教具使用

　　古氏數棒、百格板、千格板

 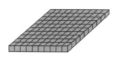 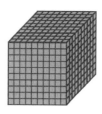

提問順序

提問 1　你可以發現 1 個千格板，是幾個百格板？1 個百格板，是幾個千格板？

答案：學生發現 1 個百格板是 100 立方公分，1 個千格板是 1,000 立方公分，1 個千格板等於 10 個百格板；1 個百格板是 0.1 個千格板。

提問 2　你可以發現 1 個千格板，是幾根橘色數棒？1 根橘色數棒是幾個千格板？

答案：學生發現 1 根橘色數棒是 10 立方公分，1 個千格板是 1,000 立方公分，1 個千格板等於 100 根橘色數棒；1 根橘色數棒是 0.01 個千格板。

提問 3　你可以發現 1 個千格板，是幾個白色數棒？1 個白色數棒，是幾個千格板？

答案：學生發現 1 個白色數棒是 1 立方公分，1 個千格板是 1,000 立方公分，1 個千格板等於 1,000 個白色數棒；1 個白色數棒是 0.001 個千格板。0.001 的 1 即為千分位。

活動 54　小數比大小

教學概念

　　國小四年級學生理解千分位後，不須計算即可對小數比大小概念進行判斷。學生須透過千格板、百格板、橘色數棒與白色數棒建立紮實的位值概念，即可進行小數的比大小。

教具使用

　　古氏數棒、百格板、千格板

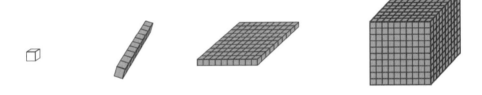

提問順序

提問 1　你可以發現 1.367 與 1.376，哪一個數字比較大？

答案：1.367 是 1 個千格板、3 個百格板、6 根橘色數棒、7 個白色數棒。
　　　1.376 是 1 個千格板、3 個百格板、7 根橘色數棒、6 個白色數棒。
　　　所以 1.376 較大。

提問 2　你可以發現 1.763 與 1.673，哪一個數字比較大？

答案：1.763 是 1 個千格板、7 個百格板、6 根橘色數棒、3 個白色數棒。
　　　1.673 是 1 個千格板、6 個百格板、7 根橘色數棒、3 個白色數棒。
　　　所以 1.763 較大。

2. 小數的加法教學活動

小數加法有 4 個活動：

活動 55 為一位小數的加法，可視為整數的加法。教具操作為古氏數棒，學生可使用數棒建立一位小數的加法觀念。

活動 56 為小數加法的數字拆解，本活動的數字拆解與整數加法的數字拆解類似，數字拆解與組合為 NCTM 課程標準，但臺灣的指標並未採用，本活動延用整數數字拆解的策略以協助學生小數加法的運算。

活動 57 為多位小數的加法情境設計，本活動設計與生活結合的小數情境，給予學生能實際使用小數與生活結合的方式，提升學生數學素養能力。

活動 58 為破解小數加法應用問題，本活動說明帶小數與帶小數加法及帶小數與帶分數的加法情境。

活動 55　一位小數的加法

教學概念

一位小數的加法為小學三年級課程，本活動為《素養導向 1》，第 4 章活動 2 的延伸，即湊 10 概念的組合。於本活動即是橘色數棒為 1，其他顏色數棒為 0.1 至 0.9。進行本活動前，應先建立本章活動 47 的位值概念，再介紹小數的加法。

教具使用

古氏數棒

以橘色數棒當作 1，白色數棒是 0.1 個橘色數棒，紅色數棒是 0.2 個橘色數棒，淺綠色數棒是 0.3 個橘色數棒，紫色數棒是 0.4 個橘色數棒，黃色數棒是 0.5 個橘色數棒，深綠色數棒是 0.6 個橘色數棒，黑色數棒是 0.7 個橘色數棒，咖啡色數棒是 0.8 個橘色數棒，藍色數棒是 0.9 個橘色數棒。

提問順序

提問 1 請問白色數棒＋黑色數棒是幾個橘色數棒？

答案：$0.1 + 0.7 = 0.8$

提問 2 請問紅色數棒＋深綠色數棒是幾個橘色數棒？

答案：$0.2 + 0.6 = 0.8$

提問 3 請問淺綠色數棒＋藍色數棒是幾個橘色數棒？

答案：$0.3 + 0.9 = 1.2$

提問 4 請問黃色數棒＋黑色數棒是幾個橘色數棒？

答案：$0.5 + 0.7 = 1.2$

提問 5 請問深綠色數棒＋黃色數棒是幾個橘色數棒？

答案：$0.6 + 0.5 = 1.1$

提問 6 請問紫色數棒＋紫色數棒＋紫色數棒是幾個橘色數棒？

答案：$0.4 + 0.4 + 0.4 = 1.2$

提問 7 請問黑色數棒＋白色數棒＋紫色數棒是幾個橘色數棒？

答案：$0.7 + 0.1 + 0.4 = 1.2$

提問 8　請問紫色數棒 + 黃色數棒 + 藍色數棒是幾個橘色數棒？

答案：$0.4 + 0.5 + 0.9 = 1.8$

提問 9　請問深綠色數棒 + 黑色數棒 + 咖啡色數棒是幾個橘色數棒？

答案：$0.6 + 0.7 + 0.8 = 2.1$

提問 10　請問黃色數棒 + 深綠色數棒 + 紫色數棒 + 藍色數棒是幾個橘色數棒？

答案：$0.5 + 0.6 + 0.4 + 0.9 = 2.4$

學習單設計

題號	顏色	算式
1	白色 + 黑色	$0.1 + 0.7 = 0.8$
2	紅色 + 深綠色	
3	淺綠色 + 藍色	
4	黃色 + 黑色	
5	深綠色 + 黃色	
6	紫色 + 紫色 + 紫色	
7	黑色 + 白色 + 紫色	
8	紫色 + 黃色 + 藍色	
9	深綠色 + 黑色 + 咖啡色	
10	黃色 + 深綠色 + 紫色 + 藍色	

活動 56 小數加法的數字拆解

教學概念

　　由於一位小數加法為小學三年級課程，本活動為接續活動 55 的小數加法，對小數加法的數字拆解策略進行說明。本活動亦延伸《素養導向1》，第 4 章加法活動 9，整數加法的數字拆解。小數加法的數字拆解與整數加法數字拆解雷同，如 0.8 可以拆解成 0.1 + 0.7；0.2 + 0.6；0.3 + 0.5；0.4 + 0.4 等。使用加法橫式就能算出答案。數字拆解亦可適用於小數減法、乘法與除法等運算。數字拆解不只一種拆解方式，若是有 3 個小數相加，拆解的方式更加多元。

教具使用

　　古氏數棒

小數加法拆解策略	說明：
策略 1：拆解 0.5 的數字以湊 1	任何數字可拆解成 **0.5 +** ？，再湊 1。
範例 a	
$0.5 + 0.8 = 0.5 + 0.5 + 0.3 = 1.3$ 0.5 0.3	0.8 可以拆解成 0.5 + 0.3，因為 0.5 + 0.5 = 1
範例 b	
$0.7 + 1.5 = 0.7 + 0.3 + 1.2 = 2.2$ 0.3 1.2	1.5 可拆解為 0.3 + 1.2，因為 0.7 + 0.3 = 1
策略 2：2M 策略	**2M 即為 2M = M + M，如 0.8 = 0.4 + 0.4**
$0.7 + 1.5 = 0.7 + 0.7 + 0.7 + 0.1 = 2.2$ 0.7 0.7 + 0.1	1.5 可拆解為 0.7 + 0.7 + 0.1，因為 0.7 + 0.7 + 0.7 + 0.1 = 0.7×3 + 0.1 = 2.2

策略 3：應用拆解 0.5 與湊 1　　　　　說明：

範例 a

$0.6 + 0.9 + 0.8 = 0.6 + 0.4 + 0.2 + 0.3 + 0.8$

$\qquad\qquad\qquad = 1 + 0.3 + 1 = 2.3$

（0.9 拆解成 0.4 和 0.5；0.5 拆解成 0.2 和 0.3）

0.9 拆解成 0.4 + 0.5；因為可讓 0.6 + 0.4 = 1；0.5 拆解成 0.2 + 0.3，可讓 0.2 + 0.8 = 1

範例 b

$0.6 + 0.9 + 0.8 = 0.6 + 0.4 + 0.5 + 0.8$

$\qquad\qquad\quad = 1.5 + 0.8 = 1.5 + 0.5 + 0.3$

$\qquad\qquad\qquad\qquad = 2.3$

（0.9 拆解成 0.4 和 0.5；0.8 拆解成 0.5 和 0.3）

0.9 拆解成 0.4 + 0.5；因為 0.6 + 0.4 = 1

0.8 拆解成 0.5 + 0.3，使 1.5 + 0.5 = 2

範例 c

$0.6 + 0.9 + 0.8 = 0.6 + 0.9 + 0.1 + 0.7$

$\qquad\qquad\quad = 1.6 + 0.7 = 1.6 + 0.4 + 0.3$

$\qquad\qquad\qquad\qquad = 2.3$

（0.8 拆解成 0.1 和 0.7；0.7 拆解成 0.4 和 0.3）

0.8 拆解成 0.1 + 0.7；因為 0.1 + 0.9 = 1

0.7 拆解為 0.4 + 0.3，使 1.6 + 0.4 = 2

算算看：

1. $0.8 + 0.8 =$

2. $0.6 + 0.7 + 0.9 =$

3. $1.4 + 0.9 =$

4. $1.6 + 0.7 =$

5. $2.4 + 0.9 =$

6. $1.8 + 1.4 + 1.7 =$

7. $2.3 + 2.6 + 2.7 =$

活動 57　多位小數的加法情境設計

教學概念

　　一位小數的加法為小學三年級課程，為使數學結合生活，本活動需應用前三個活動，進行多位小數的加法運算。

教具使用

　　無

情境設計

　　港珠澳大橋主橋長約 29.6 公里。為橋隧結合結構，有兩條分別長約 6.7 公里及 5 公里的海底隧道，及三個人工島 13.7 公里。

　　港珠澳大橋啓用後，大幅縮短了來往香港（包括屯門）、珠海、澳門三地的交通時間，行車時間僅需 1 小時左右，而且不需要再繞經虎門大橋；而港珠澳也會形成「一小時生活圈」，對粵港澳大灣區發展有象徵意義。

　　港珠澳大橋是中國新的地標性建築之一，英國《衛報》稱之為「現代世界七大奇蹟」之一。新華社報導國家級建設港珠澳大橋創造外海築島的「中國速率」，使用 221 天完成兩人工島築島的世界工程記錄，縮短工期超過 2 年，並實現了綠色施工，又形容大橋是「中國乃至當今世界規模最大、標準最高、最具挑戰性的跨海橋梁工程」，被譽為橋梁界的「珠穆朗瑪峰」。

提問順序

提問 1　請問港珠澳大橋全長多少公里？

答案：29.6 + 6.7 + 5 + 13.7 = 55 公里。

提問 2　請問港珠澳大橋的長度，約爲臺灣的哪一個城市到哪一個城市？

答案：爲基隆到桃園，依第一高速公路，從基隆到桃園機場的距離約爲 52.5 公里。

提問 3　請問臺灣哪裡有跨海大橋？長度各爲多少？

答案：

1. 澎湖跨海大橋，約爲 2.5 公里。

2. 金門跨海大橋，約爲 5.4 公里，於 2022 年 8 月通車。

3. 馬祖跨海大橋，約爲 3.5 公里，預計於 2032 年完工。

活動 58　破解小數加法應用問題

教學概念

　　小數加法應用問題可分爲併加型與添加型，每種題型又可分爲和未知、被加數未知與加數未知，爲避免與《素養導向 1》第 4 章重複，本活動僅以和未知舉例，以三位小數與二位小數的加法爲併加型、二位小數與分數的加法爲添加型進行設計，其他加法題型請參考《素養導向 1》第 4 章。

1. 三位小數與二位小數的加法

併加型：怡雯有 2.345 公斤的砂糖，筱惠有 1.73 公斤的砂糖，請問兩人共有多少公斤的砂糖？

答案：

　　　　橫式：2.345 + 1.73 = □

直式：

```
            1
        2.345
    +    1.73
        4.075
```

小數的加法可視為整數相加，即 2,345 + 1,730 = 4,075 公克，為 4.075kg。

2. 二位小數與帶分數的加法

添加型：怡寧有 1.82 公尺長的桌布，曉明又給了怡寧 $1\frac{3}{5}$ 公尺長的桌布，

請問怡寧有多少公尺長的桌布？

答案：需先將 $1\frac{3}{5}$ 轉化成小數，$\frac{3}{5} = 0.6$

橫式：$1.82 + 1\frac{3}{5} = 1.82 + 1.6 = 3.42$m

直式：

```
          1
       1.82
    +   1.6
       3.42
```

3. 小數的減法教學活動

小數減法有 3 個活動。

活動 59 為一位小數減法，亦可使用整數減法策略應用至一位小數的減法。教具使用古氏數棒進行操作，以建立一位小數減法的基礎概念。

活動 60 為小數減法的數字拆解，亦使用整數減法的數字拆解策略，以進行小數減法。學生可使用古氏數棒進行操作，以解決小數減法問題。

活動 61 爲破解小數減法應用問題，減法問題可分爲拿走型、比較型與追加型三種，本活動說明整數與帶小數、帶小數與帶小數、帶小數與帶分數等三種減法情境。

活動 59 一位小數減法

教學概念

一位小數的減法爲小學三年級課程，本活動爲《素養導向 1》第 4 章減法活動 1 的延伸，於本活動即是橘色數棒爲 1，其他顏色數棒爲 0.1 至 0.9。進行本活動前，應先建立本章活動 47 至活動 50 小數的加法概念，再引入小數的減法。

教具使用

古氏數棒

以橘色數棒當作 1，白色數棒是 0.1 個橘色數棒，紅色數棒是 0.2 個橘色數棒，淺綠色數棒是 0.3 個橘色數棒，紫色數棒是 0.4 個橘色數棒，黃色數棒是 0.5 個橘色數棒，深綠色數棒是 0.6 個橘色數棒，黑色數棒是 0.7 個橘色數棒，咖啡色數棒是 0.8 個橘色數棒，藍色數棒是 0.9 個橘色數棒。

提問順序

提問 1 請問黃色 – 紫色數棒是幾個橘色數棒？

答案：0.5 – 0.4 = 0.1

提問 2 請問淺綠色 – 紅色數棒是幾個橘色數棒？

答案：0.3 – 0.2 = 0.1

提問 3 請問黃色 – 紅色數棒是幾個橘色數棒？

答案：$0.5 - 0.2 = 0.3$

提問 4 請問黑色 – 黃色數棒是幾個橘色數棒？

答案：$0.7 - 0.5 = 0.2$

提問 5 請問咖啡色 – 紫色數棒是幾個橘色數棒？

答案：$0.8 - 0.4 = 0.4$

提問 6 請問黃色 – 黃色數棒是幾個橘色數棒？

答案：$0.5 - 0.5 = 0$

提問 7 請問黑色 – 白色 – 紅色數棒是幾個橘色數棒？

答案：$0.7 - 0.1 - 0.2 = 0.4$

提問 8 請問藍色 – 紫色 – 黃色數棒是幾個橘色數棒？

答案：$0.9 - 0.4 - 0.5 = 0$

提問 9 請問藍色 – 淺綠色 – 白色數棒是幾個橘色數棒？

答案：$0.9 - 0.3 - 0.1 = 0.5$

提問 10 請問橘色 – 紫色 – 紫色數棒是幾個橘色數棒？

答案：$1 - 0.4 - 0.4 = 0.2$

學習單設計

題號	糖果棒相減	數字
1	黃色 – 紫色	$0.5 - 0.4 = 0.9$
2	淺綠色 – 紅色	
3	黃色 – 紅色	
4	黑色 – 黃色	
5	咖啡色 – 紫色	
6	黃色 – 黃色	
7	黑色 – 白色 – 紅色	
8	藍色 – 紫色 – 黃色	
9	藍色 – 淺綠色 – 白色	
10	橘色 – 紫色 – 紫色	

活動 60　小數減法的數字拆解

教學概念

　　數字拆解可取代小數減法直式，爲協助學童理解小數減法退位的策略。數字拆解，就是可將數字拆成較容易計算的模式。例如：0.7 可以拆解成 $0.1 + 0.6$；$0.2 + 0.5$；$0.3 + 0.4$ 等。他們使用小數減法橫式就能算出答案。數字拆解亦可適用於小數加法、乘法與除法等運算。

教具使用

　　古氏數棒

減法拆解策略　　　　　　　說明：

策略 1：拆解 0.5 的數字　　任何數字可拆解成 **0.5 +**？

範例 a

$$0.8 - 0.5 = 0.5 + 0.3 - 0.5 = 0.3$$
　　　　　⤴
　0.5　0.3

0.8 拆解成 $0.5 + 0.3$，因爲 $0.5 - 0.5 = 0$

範例 b

$1.5 - 0.7 = 1.5 - 0.5 - 0.2 = 0.8$ 0.7 拆解成 0.2 + 0.5，因爲 $1.5 - 0.5 = 1$

　　　 0.2　0.5

策略 2：2M 策略   **2M 即爲 2M = M + M，如 0.8 = 0.4 + 0.4**

範例 a

　$1.5 - 0.7 = 0.7 + 0.7 + 0.1 - 0.7$ 1.5 拆解成 0.7 + 0.7 + 0.1，因爲 $0.7 -$

$0.7 + 0.1　0.7　\ = 0.8$ $0.7 = 0$

範例 b

　$1.6 - 0.7 - 0.8 = 0.8 + 0.8 - 0.7 - 0.8$　1.6 拆解成 0.8 + 0.8，使 $0.8 - 0.8 = 0$

　　　　　　　　$= 0.1$

0.8　 0.8

策略 3：補 0.1

範例：

　$2.8 - 1.9 = 2.8 - 2 + 0.1 = 0.9$ 1.9 可以看成 $2 - 0.1$，因減 2 較容易

策略 4：補 0.2

範例：

$3.5 - 2.8 = 3.5 - 3 + 0.2 = 0.7$ 2.8 可以看成 $3 - 0.2$，因減 3 較容易

策略 5：補 0.3

範例：

$3.4 - 2.7 = 3.5 - 3 + 0.3 = 0.8$ 2.7 可以看成 $3 - 0.3$，因減 3 較容易

策略 6：簡化大數字，同時減 6

範例：

$12.3 - 6.7 = 6.3 - 0.7$ 同時減 6 使數字變小，再用補 0.3 策略

$= 6.3 - 1 + 0.3 = 5.6$

策略 7：簡化大數字，同時減 12

範例：

24.7 – 12.8 = 12.7 – 0.8 　　　　同時減 12 使數字變小，再用補 0.2

= 12.7 – 1 + 0.2 = 11.9 　　　　策略

算算看：

1. 1.7 – 0.7 =

2. 2.6 – 0.8 =

3. 1.7 – 0.9 =

4. 12.5 – 7.8 =

5. 22.5 – 12.8 =

活動 61　破解小數減法應用問題

教學概念

　　小數減法應用題型可分 3 種，一是拿走型，二爲比較型，三爲追加型。每一種題型又可分爲差未知、減數未知與被減數未知等三種題型。爲避免與《素養導向 1》，第 4 章整數減法題型重複，本活動僅以差未知舉例，以整數與小數減法爲拿走型、小數與小數的減法爲比較型，小數與分數的題型爲追加型進行設計，其他減法題型請參考《素養導向 1》第 4 章。

1. 整數與帶小數的減法

拿走型：治平有 2 公升的氣泡水，給了家甄 1.242 公升，還剩下幾公升的
　　　　氣泡水？

答案：算式：2 – 1.242 = □

　　　　　　　2 – 1.242 = 0.758

2. 帶小數與帶小數的減法

比較型：家豪花了 12.53 小時組合了樂高積木，曉蓁用了 8.25 小時組成同

樣的積木，請問家豪比曉蓁多花了幾小時？

答案：算式：12.53 − 8.25 = □

12.53 − 8.25 = 4.28 小時

3. 帶小數與帶分數的減法

追加型：宜華參加跑步競賽，需要跑 24.372 公里，如果她已經跑了

$5\frac{1}{8}$ 公里，請問宜華還需跑多少公里？

答案：先將 $5\frac{1}{8}$ 化成小數，$5\frac{1}{8} = 5.125$

算式：$24.372 - 5\frac{1}{8} = □$

24.372 − 5.125 = 19.247 公里

---

4. 小數的加法與減法

小數加法與減法有 1 個活動。

活動 62 為建立小數加減法運算概念，與整數的加法與減法類似，本活動使用古氏數棒以建立學生加法與減法的計算，以建立學生加法與減法混合運算的基礎。

活動 62　建立小數加減法運算概念

教學概念

三年級學生進行活動 47 到活動 52，便可進行小數加減運算，即小數加減法混合運算。加減法混和運算可以使用小數拆解的方式進行解題，亦可使用古氏數棒的具體物操作，於本活動為小數加法與減法的總結活動。

教具使用

古氏數棒

以橘色數棒當作 1，白色數棒是 0.1 個橘色數棒，紅色數棒是 0.2 個橘色數棒，淺綠色數棒是 0.3 個橘色數棒，紫色數棒是 0.4 個橘色數棒，黃色數棒是 0.5 個橘色數棒，深綠色數棒是 0.6 個橘色數棒，黑色數棒是 0.7 個橘色數棒，咖啡色數棒是 0.8 個橘色數棒，藍色數棒是 0.9 個橘色數棒。

提問順序

 請問黃色 + 黑色 − 紫色數棒是幾個橘色數棒？

答案：0.5 + 0.7 − 0.4 = 0.8

 請問深綠色 + 藍色 − 橘色數棒是幾個橘色數棒？

答案：0.6 + 0.9 − 1 = 0.5

 請問黑色 − 黃色 + 紫色數棒是幾個橘色數棒？

答案：0.7 − 0.5 + 0.4 = 0.6

 請問黃色 + 深綠色 − 紫色數棒是幾個橘色數棒？

答案：0.5 + 0.6 − 0.4 = 0.7

 請問紅色 + 紫色 − 黃色數棒是幾個橘色數棒？

答案：0.2 + 0.4 − 0.5 = 0.1

提問 6 請問黃色 + 黑色 − 藍色數棒是幾個橘色數棒？

答案：$0.5 + 0.7 - 0.9 = 0.3$

提問 7 請問黑色 + 淺綠色 − 咖啡色數棒是幾個橘色數棒？

答案：$0.7 + 0.3 - 0.8 = 0.2$

提問 8 請問藍色 + 紅色 − 黑色數棒是幾個橘色數棒？

答案：$0.9 + 0.2 - 0.7 = 0.4$

提問 9 請問咖啡色 − 深綠色 + 黑色數棒是幾個橘色數棒？

答案：$0.8 - 0.6 + 0.7 = 0.9$

提問 10 請問橘色 + 紫色 − 咖啡色數棒是幾個橘色數棒？

答案：$1 + 0.4 - 0.8 = 0.6$

學習單設計

題號	糖果棒相減	數字
1	黃色 + 黑色 − 紫色	$0.5 + 0.7 - 0.4 = 0.8$
2	深綠色 + 藍色 − 橘色	
3	黑色 − 黃色 + 紫色	
4	黃色 + 深綠色 − 紫色	
5	紅色 + 紫色 − 黃色	
6	黃色 + 黑色 − 藍色	
7	黑色 + 淺綠色 − 咖啡色	

題號	糖果棒相減	數字
8	藍色＋紅色－黑色	
9	咖啡色－深綠色＋黑色	
10	橘色＋紫色－咖啡色	

5. 小數的估算教學活動

小數估算有 3 個活動。

活動 63 為小數的估算，為建立學生生活周遭的小數概念，如教室的地磚，培養學生對於長度估測的量感。

活動 64 為誰是最佳估測王，從班上找一位同學，由每位同學先估測其身高有多高，再請被估測的同學說出答案，看誰最為接近。

活動 65 為四捨五入法、無條件進位法與無條件捨去法的小數估算。學生需理解什麼時候使用這三種估算方式，以判斷使用這三種方法的時機。

活動 63　小數的估算

教學概念

國小四年級小數概念的學習，應先將活動 49 的整數 1 與 0.1 到 0.9 連結，再引入小數的估算概念，教師可協助學生使用生活周遭的長度進行估算。

教具使用

古氏數棒、1 公尺長的皮尺

提問順序

提　問　教室的地磚，為一個正方形磁磚一塊一塊鋪設而成，請問這一塊的正方形地磚長度是多少？

在實際測量前，學生可以從目測看出 1 公尺長的皮尺超過一塊的正方形地磚，地磚約在 80 至 100 公分之間，也就是 0.8 到 1 公尺。經過實際測量後，學生可發現地磚的長度是 0.9 公尺，也就是 90 公分。

活動 64 誰是最佳估測王

教學概念

國小四年級小數概念的學習，應先將活動 63 小數估算完成後，再進行身高的估算。全班估算老師的身高，由每位同學先估測老師身高有多高，再請老師說出答案，看誰最為接近。

教具使用

古氏數棒、1 公尺長的皮尺

提問順序

 請每位同學估算老師的身高有多高？看哪一位同學所估的身高最接近老師的實際身高。

學生可用 1.5m、1.6m、1.7m 進行估算，看哪一位同學估算的最接近老師的實際身高。若老師的實際身高為 1.72m，則同學最接近的估測值為 1.7m，估測為 1.7m 的同學即為最佳估測王。

活動 65　四捨五入法、無條件進位法與無條件捨去法的小數估算

教學概念

　　在設計國小四年級小數進位方法的估算時，應先協助學生理解使用四捨五入法、無條件進位法與無條件捨去法的適用時機，再引入估算概念，教師可協助學生使用生活周遭的情境進行估算。

教具使用

　　無

提問順序

提問 1　三桑水果店 7 月營業額是 49.532 萬元，8 月營業額是 48.987 萬元，9 月營業額為 51.176 萬元。若要使用四捨五入法、無條件進位法與無條件捨去法，哪一種進位方法，較適合估算每個月的營業額？

答案：7 月營業額為 49.532 萬元，使用無條件進位法或四捨五入法較適當，為 50 萬元，因為 0.532 較接近 1 萬元，使用無條件捨去法，較不適當。

　　　8 月營業額為 48.987 萬元，使用無條件進位法或四捨五入法法較適當，為 49 萬元，因為 0.987 較接近 1 萬元，使用無條件捨去法，較不適當。

　　　9 月營業額 51.176 萬元，使用無條件捨去法或四捨五入法法較適當，為 51 萬元，因為 0.176 較接近 0 萬元，使用無條件進位法，較不適當。

　　　以上三個月的營業額都適用四捨五入法。

6. 小數的乘法教學活動

　　小數乘法有 5 個活動。

　　活動 66 為小數乘整數，學生可從**面積模式**理解小數乘整數，也使用重量的概念理解小數乘法整數倍的關係。

　　活動 67 為整數乘小數，學生需理解生活中使用百分率或是打折的情境，以使用整數與小數的乘法。

　　活動 68 為小數乘小數，學生可應用生活中使用匯率換算、公升、容量等情境，以使用小數乘小數的概念。

　　活動 69 為小數乘分數，本活動設計分數倍的概念，協助學生應用小數與分數的乘法。

　　活動 70 為分數乘小數，本活動設計小數倍的概念，協助學生應用分數與小數的乘法。

活動 66　小數乘整數

教學概念

　　國小四年級需學習小數乘整數概念，小數乘法可從**群組模式**與**面積模式**進行說明，**群組模式**使用公斤的單位，使學生理解公斤的倍數關係。可用千格板、百格板、橘色數棒與白色數棒分別代表 1 公斤、100 公克、10 公克與 1 公克，經由重量認識小數的整數倍關係。

教具使用

　　古氏數棒、百格板、千格板

  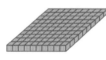 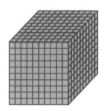

提問 1 一包麵粉重 1.37 公斤，季仁買了 6 包，請問重多少公斤？

$$1.37 \times 6 = 8.22$$

$$
\begin{array}{r}
2\ 4 \\
1.37 \\
\times\quad 6 \\
\hline
8.22
\end{array}
$$

小數乘法亦可視爲整數乘法，僅需將 1.37 公斤看成 137，再除 100 即可。

提問 2 陳立有一長爲 6 公尺、寬爲 1.37 公尺的果園，面積爲多少平方公尺？

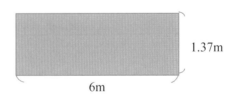

$$6 \times 1.37 = 8.22 \text{ 平方公尺}$$

活動 67 整數乘小數

教學概念

　　國小五年級學生需學習整數乘小數概念，小數倍的概念於生活中可適用百分率或是打折的情境。

提問 1　標竿學校全部施打新冠肺炎疫苗的百分比為 65%，若學校全部人數為 1,500 人，請問施打疫苗的學生人數有多少？

答案：$1,500 \times 0.65 = 15 \times 65 = 975$ 人

提問 2　Soho 百貨週年慶，全商品打 75 折，宏明買了 5,000 元的商品，需要付多少錢？

答案：$5,000 \times 0.75 = 50 \times 75 = 3,750$ 元

活動 68　小數乘小數

教學概念

　　國小五年級學生需學習小數乘小數概念，小數倍的概念於生活中可適用匯率換算、公升、容量或是其他與有關小數的情境。

提問 1　1 美元換新臺幣為 29.95 元，若美珍有 293.55 美元，可以換多少元新臺幣？（請用四捨五入法取到個位）

答案：$29.95 \times 293.55 = 8,791.8225$ 元 $= 8,792$ 元

提問 2　1 公升 98 無鉛汽油 33.5 元，宇文的爸爸加了 18.45 公升，請問花了多少元？（請用無條件進位法取到個位）

答案：$33.5 \times 18.45 = 618.075$ 元 $= 619$ 元

提問 3　來來飲料店有奶茶原料一桶 245.85 公升，牛奶占了 44%，請問牛奶有多少幾公升？（請用無條件捨去法取到個位）

答案：$245.85 \times 0.44 = 108.174 = 108$ 公升

活動 69　小數乘分數（教科書未設計）

教學概念

　　國小五年級學生需學習小數乘分數概念，分數倍的概念於生活中可適用面積或容量或其他有關小數的情境。

提問 1　又新有一個果園 32.45 平方公尺，其中有 $\frac{2}{5}$ 是山坡地，請問山坡地占了多少平方公尺？

答案：$32.45 \times \frac{2}{5} = 32.45 \times 0.4 = 12.98$ 平方公尺

提問 2　人樺買了 144.24 公升的飲用水，有 $\frac{5}{12}$ 要送給寵物商店，請問寵物商店收到多少公升的水？

答案：$144.24 \times \frac{5}{12} = 12.02 \times 5 = 60.1$ 公升

活動 70　分數乘小數（教科書未設計）

教學概念

　　國小五年級學生需學習分數乘小數概念，小數倍的概念於生活中可適用容量、長度或其他有關小數的情境。

提問 1　便利商店每瓶裝有 $\frac{3}{5}$ 公升的汽水，王強有 5.6 瓶，請問他有多少公升的汽水？

答案：$\frac{3}{5} \times 5.6 = 0.6 \times 5.6 = 3.36$ 公升

提問 2　宜如有 $\frac{4}{9}$ 盒巧克力，瑋玲是她的 3.6 倍，請問瑋玲有多少盒巧克力？

答案：$\frac{4}{9} \times 3.6 = 4 \times 0.4 = 1.6$ 盒

提問 3　淑芬 1 小時走 $1\frac{5}{6}$ 公里，請問她花 4.2 小時，可以走幾公里？

答案：$1\frac{5}{6} \times 4.2 = 11 \times 0.7 = 7.7$ 公里

7. 小數的除法教學活動

小數除法有 5 個活動。

活動 71 為小數除整數，除法有等分除與包含除兩種類型，本活動以商數未知舉例，進行小數與整數的除法。

活動 72 為整數除小數，本活動僅適用於包含除題型，本活動以除數未知舉例，進行整數與小數的除法。

活動 73 為小數除小數，本活動僅適用於包含除題型，本活動以被除數未知舉例，進行小數與小數的除法。

活動 74 為小數除分數，本活動僅適用於包含除題型，本活動以商數未知舉例，進行小數與分數的除法。

活動 75 為分數除小數，本活動僅適用於包含除題型，本活動以商數未知舉例，進行分數與小數的除法。

活動 71　小數除整數

教學概念

　　國小六年級學生需學習小數除整數概念，除法類型可有包含除與等分除兩種。又可分爲商數未知、除數未知與被除數未知等三種子題型。可參《素養導向 1》第 6 章活動 4 與活動 5，以下以商數未知的題型舉例。

等分除：用生有一桶 68.64 公升的紅茶，平分給班上 12 位同學，請問每位同學可分到多少公升的紅茶？

答案：68.64÷12 = 5.72 公升

包含除：吳敵有一箱 149.04 公斤的水蜜桃，每 12 公斤分一份，可以分出幾份？

答案：149.04÷12 = 12.42 份

活動 72　整數除小數

教學概念

　　國小六年級學生需學習整數除小數概念，除法類型可有包含除與等分除兩種。但因除數爲小數，僅有包含除題型，可分爲商數未知、除數未知與被除數未知等三種子題型，可參《素養導向 1》第 6 章活動 4 與活動 5。以下以除數未知的題型舉例。

包含除：永善有一座 150 平方公尺的土地，要切割成面積一樣的花園，但不知有多少平方公尺。如果可切割成 6.25 座花園，請問一座花園的面積爲多少平方公尺？

答案：150÷ □ = 6.25 座，□ = 24 平方公尺

活動 73　小數除小數

教學概念

　　國小六年級學生需學習小數除小數概念，除法類型可有包含除與等分除兩種。但因除數爲小數，僅有包含除題型，可分爲商數未知、除數未知與被除數未知等三種子題型，可參《素養導向 1》第 6 章活動 4 與活動 5。以下以被除數未知的題型舉例。

包含除：文煥有一些汽油，若 29.95 公升裝一桶，可以裝 15.2 桶，請問他有多少公升的汽油？

答案：□ ÷ 29.95 = 15.2 桶，□ = 455.24 公升

活動 74　小數除分數（教科書未設計）

教學概念

　　國小六年級學生需學習小數除分數概念，除法類型可有包含除與等分除兩種。但因除數爲分數，僅有包含除題型，可分爲商數未知、除數未知與被除數未知等三種子題型，可參《素養導向 1》第 6 章活動 4 與活動 5。以下以商數未知的題型舉例。

包含除：璧珍有 4.8 盒蛋黃酥，每 $\frac{6}{15}$ 盒分給一位同學，可分給幾位同學？

答案：$4.8 \div \frac{6}{15} = 4.8 \div 0.4 = 12$ 位

活動 75 分數除小數（教科書未設計）

教學概念

　　國小六年級學生需學習分數除小數概念，除法類型可有包含除與等分除兩種。但因除數為小數，僅有包含除題型，可分為商數未知、除數未知與被除數未知等三種子題型，可參《素養導向 1》第 6 章活動 4 與活動 5。以下以商數未知的題型舉例。

包含除：幸仁有 $5\frac{6}{10}$ 桶消毒水，每 0.7 桶分給一位同學，可分給幾位同學？

答案：$5\frac{6}{10} \div 0.7 = 5.6 \div 0.7 = 8$ 位

8. 小數與其他概念的教學活動

　　小數與其他概念有 4 個活動。

　　活動 76 為小數與時間，本活動為時間概念與小數的關係，由於時間為 60 進位，學生常會因為進位問題，而產生時間的迷思概念，本活動協助學生於時間概念與小數的位值轉換。

　　活動 77 為小數與百分率，於此因應 NCTM 標準連結小數應用於百分率的概念。

　　活動 78 為小數的應用—棒球打擊率，於此因應臺灣數學素養，將小數連結於生活的概念，應用於棒球的打擊率比較。

　　活動 79 為小數的應用—棒球防禦率，於此因應臺灣數學素養，將小數連結於生活的概念，應用於棒球投手的防禦率比較。

活動 76　小數與時間

教學概念

　　國小五年級學生需學習小數與時間的換算，由於 1 分鐘有 60 秒，1 小時有 60 分鐘，1 天有 24 小時，有別於學生已知的十進位，所以學生在轉換小數與時間，會有學習的困難。

提問 1　請問下表所列的小數所計算的時間是正確的嗎？

小時	0.1	0.2	0.3	0.4	0.5	0.6	0.7	0.8	0.9
分鐘	10	20	30	40	50	60	70	80	90

答案：不是，1 小時是 60 分鐘，所以 0.1 小時是 6 分鐘，不是 10 分鐘，
　　　正確答案如下表：

小時	0.1	0.2	0.3	0.4	0.5	0.6	0.7	0.8	0.9
分鐘	6	12	18	24	30	36	42	48	54

提問 2　請問冠仁爬山花了 222 分鐘，是多少小時呢？請用小數表示。

答案：$222 \div 60 = \dfrac{222}{60} = 3.7$ 小時。

活動 77　小數與百分率

教學概念

　　國小五年級學生需轉換小數與百分率概念，例如 30% = 0.3。

提問 1　5 年 1 班有同學 20 位，其中近視同學有 30%，請問有多少位近視同學？

答案：$20 \times 30\% = 20 \times 0.3 = 6$。

提問 2　木瓜牛奶汁 750ml，其中木瓜有 300ml，請問木瓜占多少％？

答案：$300 \div 750 = \dfrac{300}{750} = 0.4 = 40\%$。

活動 78　小數的應用─棒球打擊率

教學概念

　　打擊率是指安打數除以打擊數。一般而言，職棒選手的打擊率在 0.28 以上，被認為是稱職的打者，0.300 以上是優秀的打者，0.400 以上則是偉大的打者。由於打擊率頗能反映出打擊者的打擊能力，在不論短期賽或長期職棒賽，都把該隊打擊率最高的球員視作打擊王，並設獎項鼓勵。

提問 1　一位職棒新秀張秀山的打擊次數是 102 次，共擊出 25 支安打，請問打擊率是多少？他可以稱為是偉大的打者嗎？

答案：$25 \div 102 = 0.245$，他是一位一般的打者。

提問 2　一位職棒新秀陳一鋒的打擊次數是 220 次，打擊率是 0.123，請問他擊出多少支安打？（無條件捨去法取整數）

答案：$220 \times 0.123 = 27.06 = 27$ 支安打。

活動 79　小數的應用─棒球防禦率

教學概念

　　防禦率，又稱自責分率，是棒球術語，指投手平均每場球所失的自責分。投手因為被打安打或四壞球而讓人上壘（因為野手失誤而上壘的不算），然後又因任何原因讓這上壘的人回來得分（就算換投手，壘上那人還是原投手要負責的），此時的得分則為自責分。防禦率的高低能較明確地反映一個投手的表現，一般而言防禦率在 3 至 4 的投手算是稱職的投手，2 至 3 算是很優秀的投手，2 以下則是頂尖的投手。公式為：自責分 × 9 ÷ 投球局數 = 防禦率。

提問 1　中華職棒一新秀投手王小民，投了 112 局，自責分為 24 分，請問防禦率多少？（四捨五入取至小數第二位）請問他是一位頂尖的投手嗎？

答案：$24 \times 9 \div 112 = 1.93$ ，他是一位頂尖的投手。

提問 2　中華職棒一新秀投手李建夫，投了 250 局，防禦率為 2.16，請問自責分多少？（四捨五入取至小數第二位）

答案：$\square \times 9 \div 250 = 2.16$ ，$2.16 \times 250 \div 9 = 60$ 分。

第 4 章

統計與機率的教學實務

　　有鑑於臺灣 108 年提出十二年國民基本教育提升數學素養的重要（教育部，2018），本章整理統計與機率的課程標準、相關的文獻與相對應的教學活動。

一、課程標準：NCTM（2000）與教育部（2018）的比較

統計與機率	K-2 NCTM	臺灣數學能力指標
能蒐集、組織與顯示相關數據以形成問題。	・對於學童自己與環境能提出問題與蒐集數據。 ・依據具體物的屬性以排序與分類並組織數據。 ・使用具體物、圖像與圖表來呈現數據。	D-1-1　簡單分類：以操作活動為主。報讀與說明已處理好之分類。觀察分類的模式。 D-2-1　分類與呈現：以操作活動為主。能分類、記錄、呈現並說明。應討論(1)分類的分類；(2)因特徵不同，同一資料可有不同的分類方式。
能選擇與使用適當的統計模式來分析數據。	・說明部分的資料可當作全體，以決定這樣的資料會呈現什麼結果。	
根據數據以發展與評判推論與預測。	・討論學生具備相似或沒有相似經驗的事件。	
理解與應用機率的基本概念。		

統計與機率	3-5 NCTM	臺灣數學能力指標
能蒐集、組織與顯示相關資料以形成問題。	· 能提出設計調查的問題與思考如何蒐集數據，會影響數據本質的方式。 · 使用觀察、調查與實驗等方式蒐集數據。 · 使用表格與圖示，如點線圖、長條圖與折線圖。 · 辨識表現類別數據與數量數據的差別。	D-3-1　一維表格與二維表格：以操作活動為主。報讀、說明與製作生活中的表格。二維表格含列聯表。 D-4-1　報讀長條圖與折線圖：報讀與說明生活中的長條圖與折線圖。 D-5-1　製作長條圖和折線圖：製作生活中的長條圖和折線圖。 D-6-1　圓形圖：報讀、說明與製作生活中的圓形圖。包含以百分率分配之圓形圖（製作時應提供學生已分成百格的圓形圖。）
能選擇與使用適當的統計模式來分析資料。	· 說明一組資料的圖示與特色並能比較相關的資料，應注重於數據的分布情況。 · 使用集中量數，注重在中位數、能了解不同集中量數可適用的數據類型，與不能適用於何種數據類型。 · 比較同樣的數據型態可有不同的呈現方式，並能判斷不同呈現方式可表現何種特性。	

統計與機率	3-5 NCTM	臺灣數學能力指標
根據資料以發展與評判推論與預測。	·從數據提出與做出結論與預測，並設計研究來做更深入的結論與預測。	
理解與應用機率的基本概念。	·說明可能發生與不可能發生的事件，並討論會發生的程度，能使用如一定、有相同的機率與不可能的字彙。 ·預測簡單實驗的結果機率，與驗證這些預測。 ·理解可用0到1的數字來測量一個事件發生的可能性。	D-6-2　解題：可能性。從統計圖表資料，回答可能性問題。機率前置經驗。「很有可能」、「很不可能」、「A比B可能」。

統計與機率	6-8 NCTM	臺灣數學能力指標
能蒐集、組織與顯示相關數據以形成問題。	·能對兩個不同母群體的特性，或是一個母群有不同特質的數據，以形成問題、研究設計與蒐集資料。 ·能依據數據，以創造、選擇與使用適當的圖像表徵，如長條圖、盒狀圖與點狀圖。	D-7-1　統計圖表：蒐集生活中常見的數據資料，整理並繪製成含有原始資料或百分率的統計圖表：直方圖、長條圖、圓形圖、折線圖、列聯表。遇到複雜數據時可使用計算機輔助，教師可使用電腦應用軟體演示教授。 D-7-2　統計數據：用平均數、中位數與眾數描述一組資料的特性；使用計算機的「M+」或「Σ」鍵計算平均數。

統計與機率	6-8 NCTM	臺灣數學能力指標
能選擇與使用適當的統計模式來分析數據。	·能發現、使用與解釋集中量數與離散量數的計算，如平均數與四分位數。 ·對於圖表與數據的對應，進行討論與理解，特別是長條圖、莖葉圖、盒狀圖與點狀圖。	D-9-1　統計數據的分布：全距；四分位距；盒狀圖。
根據數據以發展與評判推論與預測。	·觀測兩個或多個不同樣本間的差異，並能從所蒐集的樣本以推測母群體的結果。 ·依據基本的點狀圖與迴歸線，對於兩個樣本的特性推測可能的關係。 ·用推測形成新的問題，並規劃新的研究進行驗證。	D-9-3　古典機率：具有對稱性的情境下（銅板、骰子、撲克牌、抽球等）之機率；不具對稱性的物體（圖釘、圓錐、爻杯）之機率探究。 D-10-2　數據分析：一維數據的平均數、標準差。二維數據的散布圖，最適直線與相關係數，數據的標準化。
理解與應用機率的基本概念。	·理解並能使用適當的術語以說明完全獨立與完全包含的事件。 ·能使用比例與對機率基本的了解以做出並驗證從實驗與模擬過程中推測的結果。 ·計算樣本中複合事件的機率，如列出清單、樹狀圖與面積模式。	D-9-2　認識機率：機率的意義；樹狀圖（以兩層為限）。 D-10-4　複合事件的古典機率：樣本空間與事件、複合事件的古典機率性質、期望值。

　　統計與機率的課程標準可分為 K-2、3-5 與 6-8 三個年段進行探討。

(一)K-2

於美國的課程標準，可分為 4 個向度，分別說明如下：

1. 於蒐集、組織與顯示相關數據以形成問題，又可分為 3 個指標：

   a. 對於學童自己與環境能提出問題與蒐集數據。

   b. 依據具體物的屬性以排序與分類並組織數據。

   c. 使用具體物、圖像與圖表來呈現數據。

於 1-a 可看出，美國課程標準於 K-2 即要求學生於生活中提出問題與自己蒐集數據的能力，也就是目前臺灣課程標準所推動的數學素養的能力。生活上的問題可以是幼兒園週一至週五上學的學生人數統計等。

於 1-b 顯示學生應要對生活中的事物做分類，例如可將喜歡游泳、打球、跑步、閱讀的學生進行分類、統計。

於 1-c 指出課程標準要求學生以具體物的方式呈現數據，即可使用古氏數棒、花片或其他可點數的物件進行點數。

相對於臺灣的課程標準，注重於簡單分類的操作活動，如 D-1-1 以操作活動為主。報讀與說明已處理好之分類。觀察分類的模式，及分類與呈現的操作活動，如 D-2-1 分類與呈現：以操作活動為主。能分類、記錄、呈現並說明，應討論 (1) 分類的分類；(2) 因特徵不同，同一資料可有不同的分類方式。並未提及學生應主動提出問題與蒐集數據的能力，即對於數學素養的培育仍停留在被動的操作學習，而非主動的探究與發現。

2. 能選擇與使用適當的統計模式來分析數據

本向度的指標為說明部分的資料可當作全體，以決定這樣的資料會呈現什麼結果。即 K-2 學生在看到這些分類數據時，就可以發現班上選擇最多的選項為何，心中會出現一個期望的數據結果。而這樣的數據結果對於實際所統計出來的結果可以相互驗證，以提升學生的預測能力。但臺灣的課程標準並未規劃。

3. 根據數據以發展與評判推論與預測

統計的功能即在預測，當學生發現本班的同學在夏天最喜歡的課程是

游泳，有可能其他班的可能性也是游泳，因為夏天很熱，這就是一種推論與預測，但是臺灣的課程標準並未規劃。

4. 理解與應用機率的基本概念

　　因 **K-2** 的階段並未有機率課程，美國與臺灣的課程標準均未規劃。

(二)3-5

　　於三至五年級，美國課程標準亦依 4 個向度規劃指標：

1. 於蒐集、組織與顯示相關數據以形成問題，又可分為 4 個指標：

　　a. 能提出設計調查的問題與思考如何蒐集數據，會影響數據本質的方式。

　　b. 使用觀察、調查與實驗等方式蒐集數據。

　　c. 使用表格與圖示，如點線圖、長條圖與折線圖。

　　d. 辨識表現類別數據與數量數據的差別。

　　指標 1-a 更清楚地規劃統計指標的內涵，如需設計調查的問題與如何蒐集數據，這些都是統計課程所需具備的能力。

　　指標 1-b 學生需觀察、調查與實驗等方式蒐集數據，於本指標明確規劃蒐集數據，蒐集數據的內容即取材於生活，1-a 與 1-b 指標點出培養統計素養的能力。

　　指標 1-c 學生需使用表格與圖示即點線圖、長條圖與折線圖等圖形，如何選擇適當的圖示來表達數據，也是一種統計的能力。

　　指標 1-d 學生要能辨識數量數據，即為報讀統計圖表的能力。

　　相對於臺灣的指標，於 D-3-1 製作一維表格與二維表格；D-4-1 與 D-5-1 報讀及製作長條圖與折線圖；D-6-1 報讀、說明與製作生活中的圓形圖。均為美國課程指標的 1-c 與 1-d，臺灣課程標準並未規劃使學生具備設計調查問題與使用觀察、調查與實驗等方法的能力。也就是臺灣的統計素養能力，於統計內涵的規劃仍需調整。

2. 能選擇與使用適當的統計模式來分析資料
   a. 說明一組資料的圖示與特色並能比較相關的資料，應注重於數據的分布情況。
   b. 使用集中量數，注重在中位數、能了解不同集中量數可適用的數據類型，與不能適用於何種數據類型。
   c. 比較同樣的數據型態可有不同的呈現方式，並能判斷不同呈現方式可表現何種特性。

　　2-a 說明一組資料的圖示與特色並能比較，例如班上同學的身高資料，三年級學生的身高大約在多少公分，四年級學生的身高約在多少公分，而有這樣的身高大約體重是多少？

　　2-b 介紹集中量數，如中位數。集中量數的概念是一組數據可用哪些數據來代表，如平均數、中位數、眾數等。然而臺灣的數學課程於國中一年級才提到集中量數等概念，如 D-7-2 統計數據：用平均數、中位數與眾數描述一組資料的特性。

　　2-c 提到同樣的數據型態可用不同的圖表呈現，如長條圖或折線圖，學生要能判斷使用哪一種圖表方式較佳。

　　臺灣的課程指標在國中才提到如上的指標內容，如 D-7-1 統計圖表：蒐集生活中常見的數據資料，整理並繪製成含有原始資料或百分率的統計圖表：直方圖、長條圖、圓形圖、折線圖、列聯表。

3. 根據資料以發展與評判推論與預測
   a. 從數據提出與做出結論與預測，並設計研究來做更深入的結論與預測。

　　從 3-a，美國課程標準要求學生在三至五年級要有設計研究的能力，學生要能從數據提出與做出結論與預測，這是學習統計課程相當重要的能力，然而臺灣的數學素養課程並未規劃此指標。

4. 理解與應用機率的基本概念
   a. 說明可能發生與不可能發生的事件，並討論會發生的程度，能使用

如一定、有相同的機率與不可能的字彙。

b. 預測簡單實驗的結果機率，與驗證這些預測。

c. 理解可用 0 到 1 的數字來測量一個事件發生的可能性。

　　於本向度為第一次設計機率的指標，**4-a** 學生要能理解可能發生與不可能發生的事件，而能適當地使用統計的字彙。於臺灣的課程指標，需能報讀統計圖表資料，如 **D-6-2** 解題：可能性。「很有可能」、「很不可能」、「**A** 比 **B** 可能」。

　　4-b 為學生可做簡單的機率實驗，來預測機率。例如學生可丟擲骰子，丟擲 **1** 粒骰子、丟擲 **2** 粒骰子，以觀察所出現的點數機率為何？但臺灣的課程指標並未設計。

　　4-c 學生需理解機率所發生的範圍介於 **0** 到 **1** 之間。但臺灣的課程指標並未設計。

(三)6-8

　　於六至八年級，NCTM 課程標準亦依 4 個向度規劃指標：

1. 能蒐集、組織與顯示相關數據以形成問題，又可分為 2 個指標：

　a. 能對兩個不同母群體的特性，或是一個母群有不同特質的數據，以形成問題、研究設計與蒐集資料。

　b. 能依據數據，以創造、選擇與使用適當的圖像表徵，如長條圖、盒狀圖與點狀圖。

　　於 **1-a** 學生需對兩個不同母群體的特性，形成問題、研究設計與蒐集資料。例如同班的男生與女生，或是國三學生與國一學生，都是兩種不同的母群。研究問題可以是：班上男女生同學喜歡學科的屬性不同，學生可以進行調查，看看班上男生與女生同學喜好的差異。但臺灣的課程標準並未規劃。

　　於 **1-b** 學生需選擇適當的圖像表徵，即選擇適當的統計圖形。例如何時使用折線圖。如比較溫度的早晚變化，可以使用折線圖較為適當。臺灣

的課程標準如 D-7-1 則要求學生蒐集生活中常見的數據資料，整理並繪製成含有原始資料或百分率的統計圖表，但未要求學生判斷哪些統計圖表適用於哪些數據。

2. 能選擇與使用適當的統計模式來分析數據
   a. 能發現、使用與解釋集中量數與離散量數的計算，如平均數與四分位數。
   b. 對於圖表與數據的對應，進行討論與理解，特別是長條圖、莖葉圖、盒狀圖與點狀圖。
   2-a 要求學生能選擇使用平均數與四分位數的情況。

   2-b 對於圖表與數據的對應，進行討論與理解，而有長條圖、莖葉圖、盒狀圖與點狀圖。於此提到討論與理解，即學生需於上課時要討論以找出那些圖表的適用情況。對應於臺灣的課程標準為 **D-9-1**，但僅提及統計數據的分布：全距；四分位距；盒狀圖。並未提到莖葉圖與點狀圖，更未提到需討論與理解。

3. 根據數據以發展與評判推論與預測
   a. 觀測兩個或多個不同樣本間的差異，並能從所蒐集的樣本以推測母群體的結果。
   b. 依據基本的點狀圖與迴歸線，對於兩個樣本的特性推測可能的關係。
   c. 用推測形成新的問題，並規劃新的研究進行驗證。
   3-a 提到兩個樣本間的差異，並能從樣本做出推論，例如：701 班男生普遍喜歡數學課的人數高於女生，可推論出全校的男生喜歡數學的人數也會高於女生。

   3-b 為依據點狀圖形成迴歸線，此為臺灣的高中課程，如 **D-10-2** 數據分析：一維數據的平均數、標準差。二維數據的散布圖，最適直線與相關係數，數據的標準化。最適直線即為迴歸線。但值得注意的是，美國將迴歸線列為國中標準，而臺灣則放在高中一年級。

   3-c 為形成新的問題，規劃新的研究，而臺灣在此指標的設計則欠缺

規劃。

4. 理解與應用機率的基本概念

    a. 理解並能使用適當的術語以說明完全獨立與完全包含的事件。

    b. 能使用比例與對機率基本的了解以做出並驗證從實驗與模擬過程中
推測的結果。

    c. 計算樣本中複合事件的機率，如列出清單、樹狀圖與面積模式。

    4-a 為完全獨立與完全包含的事件，例如完全獨立即為數學分數的高
低與身高的高低為完全獨立的關係，而身高的高低與年級的高低則可能有
完全包含的結果。然而，臺灣的課程標準並未設計。

    4-b 為使用比例的方式對機率進行模擬，如丟擲 2 個骰子的次數為 10
次、100 次、1,000 次，所產生的 2 點到 12 點的機率有何差異？

    4-c 提及複合事件，如一個骰子出現偶數點與出現 **6** 點，為複合事
件，但臺灣的課程標準於高中一年級才提到複合事件，如 **D-10-4** 複合事
件的古典機率。

二、統計與機率的學習

以下分統計與機率兩部分論述。

(一)統計的學習

由上述的美國課程標準（NCTM，2000），統計與機率的學習可提早
從幼兒園課程開始，一直到高中課程，將統計與機率課程經由 4 個向度的
設計，以培養學生具備統計資料的蒐集、組織與分析的研究能力。透過資
料的處理，學生在學期間應該從生活經驗獲得統計與機率的概念，之後可
在國中與高中具備更為優質的統計分析能力。

統計是一種對資料的蒐集、分析與解釋的一門技術與科學（戴久永，
1979）。譚寧君（2000）指出統計的學習應有以下四個步驟：

1. **資料蒐集**：即是對群體資料的再組織，群體的蒐集可由小群體到大群體；可由單純的群體到複雜的群體。

2. **整理資料**：直接透過觀察、調查、實驗或記錄而得到的資料稱之為原始資料，此時資料往往只能代表事實存在的現象，故應將原始資料分類、歸納、整理或重組以形成更經濟且有效的資料。

3. **表徵資料**：資料的表徵方式是一種溝通工具，其呈現方式的適切與否直接關係到訊息是否暢通。一般的表徵方式為將資料簡化、整理成表格或圖像。

4. **解釋資料**：群體被掌握或確認後，其所代表的訊息便透過資料的分析，予以適當傳遞，故群體的內容物，透過分數、比較、找出資料類型或計算等方法，以了解資料的分布情形，最後與統計圖形或表格相互連結，並解釋資料所傳達的訊息。

教育部（2018，p. 7）在統計課程的學習，明定「所有學生都應能運用基本統計量描述資料，能運用機率與統計的原理，推論不確定性的程度；選修數學甲、數學乙的學生能進一步理解隨機變數的分布，其中數學甲的學生更要理解幾何分布。」由此可見統計的課程於學生在選擇大學相關科系的重要。

其實，在臺灣推動統計素養課程前，Gal（2000）提出具有統計素養的國民，亦會有正向的態度和信念，可用較生活化的角度和信念去評價官方的數據資訊。統計素養可廣泛地視為人們解釋和嚴謹計算統計資訊、資料關係或隨機現象的能力。

(二)機率的學習

機率與統計，和代數、幾何、數與量並列，是臺灣中小學數學課程的四大主題，但是在課程的規劃上，後三個主題都有機會在數學課程中循序發展，唯獨機率與統計之中的機率主題，向來顯得較為孤立（單維章等，2018）。

　　從 108 年課綱（教育部，2018）實施以來，機率課程遲至九年級才首次出現。有學者主張機率思維並不簡單，不宜太早學習（翁秉仁，2016），然而國家教育研究院〈十二年國民基本教育數學領域綱要內容之前導研究〉報告（林福來、單維彰、李源順、鄭章華，2013），提出八大項數學領域學習內容修改建議，其中第一項就是關於「不確定性與數據處理」，然而，依本章可看出美國課程標準在小學階段就有機率內容，臺灣的機率課程至九年級才開始，實屬太晚。

　　部分證據顯示九年級學生之前就已經具備機率概念。相對於數學課程在九年級才進入機率內容，至少有兩個現象已經驗證學生在未經正式機率教學下，就具備機率思維能力。一是七年級的生物遺傳課程，使用機率。其二是 TIMSS（Trends in International Mathematics and Science Study）國際評量的成績，臺灣的八年級學生，於 2008 至 2009 年在數學主題（含機率）皆表現優異，從國際測驗的結果發現學生已經有解決機率問題的能力（林陳涌，2014）。

1. 機率的類型

　　機率的分類可分述如下（Hawkins & Kapadia, 1984; Konold, 1991; Shaughnessy, 1992），可分為四種。

(1) **古典機率**：機率是在隨機的試驗中，每一事件發生的機會均等，是唯一均勻的機率分配，亦可稱為理論機率或先驗機率。例如學生丟擲一顆公正的骰子，所出現 1 至 6 點的機會，都是相等的，都是 $\frac{1}{6}$。

(2) **實驗機率**：機率的計算是藉著觀察重複試驗不同結果的相對次數，即根據實驗設計的觀察結果來決定事件發生的可能大小，故也稱為次數機率。學生可對丟擲骰子進行模擬，每個人都丟 10 次骰子，全班 30 人，共丟了 300 次，計算每點出現的模擬機率，可發現會接近 $\frac{1}{6}$。

(3) **主觀的機率**：指機率的大小，是依照個人的信念或主觀的觀點呈現，尚有賴於將它化成數學方式來判斷。如投票率的分析，可發現所居住

的地域，在北部或是南部，傾向於投票給什麼政黨，對於政治傾向可能有所差異。

(4) **形式的機率**：利用數學法則或定理來計算機率，有時也稱爲客觀的或標準的機率。如班上的數學成績，出現平均數與標準差，理論上會出現常態分配，即班上同學約有 67% 落於平均數加或減一個標準差的範圍。

　　臺灣目前僅將古典機率納入國中三年級課程與高中課程，其他三種機率均未設計。

2. 機率的教學階段

　　Bognar 與 Nemetz（1977）指出國中小階段的學童在未接受機率教學之前，可從日常生活了解機率的簡單概念，因此機率課程的安排可依學童不同年齡之概念發展來引入機率教學。

(1) 七至八歲的兒童，可以教導簡單的概念，如確定事件（certain events）、不可能事件（impossible events）及互斥事件（mutually exclusive events）。什麼是確定事件，是一定會發生的事件；如週一到週五，在沒有特殊情況時，一定會上學，這是確定事件。不可能事件為不會發生的事件，如現在會有恐龍，則是不會發生的。互斥事件即為事件是 A，就不會同時是 B，如學生上課的出席與缺席，是相互排斥的，即當小明上學，就會是出席，不可能同時會記爲缺席。

(2) 九至十歲的兒童，可依據可能發生的事情教導較可能事件（more likely events）、較不可能事件（less likely events）及次序事件（order events）。較可能事件，如騎腳踏車時，可能會爆胎。但是如果沒有戳到任何東西的話，爆胎機會很低，也就是較不可能事件。次序事件是會依序發生的情況，如選舉時會去投票，去投票才會去選擇特定的候選人，如果不去投票，什麼都不會發生。

(3) 十一至十二歲的兒童，可以教導相對次數（relative frequencies）及畫出可表示機率事件的圖表（diagrams）。相對次數就是相比較的次數，

如男生與女生即是相對，他們所喜歡的科目，就會出現相對的不同，也可以用長條圖來表示。

(4) 十三至十四歲的兒童，可以教導獨立（independent）和相關（correlated）的實驗及事件。獨立事件即表示 A 事件發生與 B 事件無關，例如：哥哥數學考滿分，弟弟數學可能不會因為哥哥的關係而考滿分，而可能會考不及格，兄弟的數學分數是沒有關聯的。相關事件表示兩個事件是有關係的，如小珍的數學考滿分，可能物理也會考高分，因為物理與數學的關係很接近，都與數字有關。

雖然相關學者提出有關機率可在國小至國中進行不同的機率課程，目前從 108 課綱的能力指標來看，國中三年級學生才學到情境機率的相關概念，於國小階段並未有相關的機率指標。本章的統計與機率活動能對臺灣未來的機率課程提供些許的參考建議。

三、統計與機率的教學

統計的教學活動可從國小一年級到高中二年級，機率的教學活動則從國中三年級才開始到高中二年級，然而本章所提的教學活動，將依年級為層次。

本章所設計的統計與機率活動學習階層如下：

(一)統計的教學活動階層

一年級
　　活動 80：花片統計
三年級
　　活動 81：報讀統計
　　活動 82：統計應用
　　活動 83：報讀票價表
　　活動 84：報讀火車時刻表
四年級
　　活動 85：玩具調查表
　　活動 86：長條圖 1
　　活動 87：長條圖 2
　　活動 88：折線圖 1
　　活動 89：折線圖 2
　　活動 90：圓形圖
五年級
　　活動 91：製作長條圖與折線圖
六年級
　　活動 92：製作圓形圖

→

七年級
　　活動 93：莖葉圖
九年級
　　活動 94：盒狀圖
　　活動 95：集中量數─平均數
　　活動 96：加權平均數
　　活動 97：集中量數─中位數
　　活動 98：集中量數─眾數
　　活動 99：變異量數
　　活動 100：統計分配
　　活動 101：相關圖形
　　活動 102：統計圖形
　　活動 103：設計統計問卷
　　活動 104：科學的統計實驗

(二)機率的教學活動階層

六年級
　　活動 105：模擬機率
九年級
　　活動 106：樹狀圖與表格圖
　　活動 107：國家寶藏
　　活動 108：發行彩券
　　活動 109：發電機
　　活動 110：奇偶拳

(三)統計的教學活動

統計的教學有 25 個活動，從一年級至九年級，以下說明。

1.一年級

活動 80 為花片統計，為協助低年級學生進行計數活動，為初期統計概念的養成。

活動 80 花片統計

教學概念

國小一年級學生由一堆物品，如花片、錢幣，使用數量的統計，以了解分類與統計的概念，這是初期統計概念的養成。

使用教具

花片、錢幣、古氏數棒

學習單設計

有紅色、白色、藍色、綠色與黃色花片，請先選好一個顏色，再開始輪流摸彩，誰能猜中被抽出最多的顏色，就是幸運小子。請把過程記錄下來。

花片	紅色	白色	藍色	綠色	黃色
數量畫記					
總數					

提問順序

1.紅色花片抽到幾次？（　　　　　）

2. 白色花片抽到幾次？（　　　　　）
3. 綠色花片抽到幾次？（　　　　　'）
4. 最多的是什麼顏色，抽到幾次？（　　　　　）
5. 最少的是什麼顏色，抽到幾次？（　　　　　）
6. 最多和最少的顏色，相差幾次？（　　　　　）

2. 三年級

三年級有 4 個活動，分述如下。

活動 81 為報讀統計，為協助學生觀察統計圖表，報讀統計數據。

活動 82 為統計應用，結合生活，協助學生解決生活問題。

活動 83 為報讀票價表，協助學生使用統計票價表，看懂票價問題。

活動 84 為報讀火車時刻表，學生需報讀火車時刻表。

活動 81　報讀統計

教學概念

國小三年級學生可觀察學校的統計圖表，使用數量統計，這是中年級的統計概念。

學習單設計

三年級A班	23人
三年級B班	23人
三年級C班	24人
三年級D班	20人
三年級E班	24人
三年級F班	24人
三年級G班	23人
三年級H班	25人

1. 哪一班人數最多？（　　　　　　　）

2. 哪一班人數最少？（　　　　　　　）

3. 人數有 24 人的是哪幾班？（　　　　　　）

4. 人數最多的班級與人數最少的班級相差（　　　　　　）人。

答案：1. 三年 H 班。2. 三年 D 班。3. 三年 C、E、F 班。4. 5 人。

活動 82　統計應用

教學概念

　　國小三年級學生可應用統計方式，解決生活問題。

學習單設計

3月		4月		5月	
牛奶	1,796元	牛奶	2,043元	牛奶	1,767元
冰淇淋	4,052元	冰淇淋	2,109元	冰淇淋	3,042元
奶酪	863元	奶酪	1,326元	奶酪	2,245元
起司	2,497元	起司	1,086元	起司	2,734元

　　以上是飛羊農場 3、4、5 月的營業額，請你把資料整理成統計表，並回答問題。

項目	3月	4月	5月
牛奶 （元）			

項目	3月	4月	5月
合計 （元）			

1. 哪一個月分的營業額最高？（　　　　　　　）

2. 這三個月中最熱賣的商品是？（　　　　　　）

3. 此商品三個月賣出的營業額一共是多少？（　　　　　　）

答案：

項目	3月	4月	5月
牛奶（元）	1,796	2,043	1,767
冰淇淋（元）	4,052	2,109	3,042
奶酪（元）	863	1,326	2,245
起司（元）	2,497	1,086	2,734
合計（元）	9,208	6,564	9,788

1. 5 月。2. 冰淇淋。3. 9,203 元。

活動 83　報讀票價表

教學概念

國小三年級學生可應用統計至生活，看懂票價問題。

學習單設計

下表是心心客運的票價表，看表回答問題。

臺北				
48	桃園			
91	46	新竹		
148	102	58	苗栗	
195	154	109	52	臺中

1. 從桃園到臺中的票價是（　　　　　　）元。

2. 從（　　　　　　）到（　　　　　　）的票價最貴。

3. 從臺北到苗栗和從新竹到臺中的票價相差（　　　　　　）元。

答案：1. 154 元。2. 臺北到臺中。3. 39 元。

活動 84　報讀火車時刻表

教學概念

國小三年級學生可應用統計至生活，報讀火車時刻表。

學習單設計

下面是部分的火車時刻表，看表回答問題。

車次站名	1203	5043	736
高雄	12：00	12：15	12：36
臺南	12：30	12：50	13：22
嘉義	13：11	13：42	14：18
臺中	14：19	15：11	------
新竹	15：24	16：34	17：31
桃園	16：06	17：26	18：32
臺北	16：38	17：59	19：07

明華、國凱和巧君三人從高雄到臺北，填出他們出發和到達的時刻。

姓名	車次	出發時間	到達時間
明華	第736車次		
國凱	第1203車次		
巧君	第5043車次		

1. 誰最早出發？（　　　　　　　）
2. 誰在車上的時間最長？（　　　　　）

答案：

姓名	車次	出發時間	到達時間
明華	第736車次	12：36	19：07
國凱	第1203車次	12：00	16：38
巧君	第5043車次	12：15	17：59

1. 國凱。2. 明華。

---

3. 四年級

　　四年級有 6 個活動，分述如下。

　　活動 85 為玩具調查表，為進階的統計圖表，學生需找出遺漏的數據。

　　活動 86 為長條圖 1，學生可應用長條圖，進行班上的統計分析。

　　活動 87 為長條圖 2，學生可分析長條圖的數據，進行統計調查。

　　活動 88 為折線圖 1，學生可使用折線圖，分析個人的數據。

　　活動 89 為折線圖 2，應用折線圖至生活情境，分析折線圖的數據變化。

　　活動 90 為圓形圖，學生可將圓形圖應用至生活情境。

活動 85　玩具調查表

教學概念

國小四年級學生可應用統計調查，找出合理的數據。

學習單設計

	玩具車	洋娃娃	機器人	積木
A班	9票	7票	8票	12票
B班	16票	5票	（　　）票	10票
合計	（　　）票	（　　）票	13票	（　　）票

上表是快樂小學四年級小朋友最喜歡的玩具調查表，請完成表格。

1. A 班最受小朋友喜歡的是（　　　　　　）。

2. 每班投票人數一樣多，B 班有（　　　　　　）人最喜歡的是機器人。

3. 洋娃娃的票數和機器人的票數共相差（　　　　　　）票。

4. 快樂小學玩具車的得票數是（　　　　　）票，積木是（　　　　　）票。

5. 上表調查結果，最多票和最少票相差（　　　　　　）票。

答案：

	玩具車	洋娃娃	機器人	積木
A班	9票	7票	8票	12票
B班	16票	5票	（ 5 ）票	10票
合計	（ 25 ）票	（ 12 ）票	13票	（ 22 ）票

1. 積木。2. 5。3. 1。4. 25，22。5. 13。

活動 86　長條圖 1

教學概念

國小四年級學生可應用長條圖，進行班上同學的統計調查。

學習單設計

這是四年甲班，調查班上學生最喜歡的水果的長條圖。

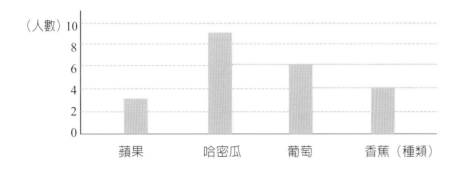

1. 四年甲班一共有多少學生參與投票（一人一票）？（　　　）人。
2. 最多票的水果是（　　　），第二多票的水果是（　　　），相差（　　　）票。

答案：1. 22。2. 哈密瓜，葡萄，3。

活動 87　長條圖 2

教學概念

國小四年級學生分析長條圖的結果，了解班上同學的統計結果。

學習單設計

這是快樂國小圖書館，110 學年度第一學期借書數量統計結果。

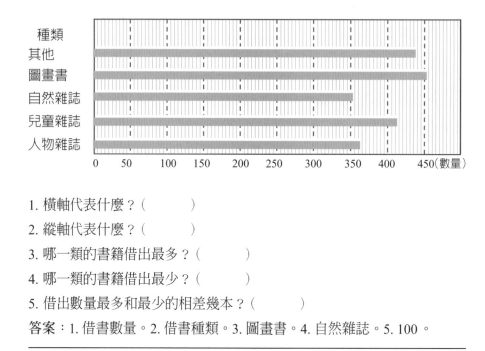

1. 橫軸代表什麼？（　　　　）

2. 縱軸代表什麼？（　　　　）

3. 哪一類的書籍借出最多？（　　　　）

4. 哪一類的書籍借出最少？（　　　　）

5. 借出數量最多和最少的相差幾本？（　　　　）

答案：1. 借書數量。2. 借書種類。3. 圖畫書。4. 自然雜誌。5. 100。

活動 88　折線圖 1

教學概念

　　國小四年級學生可使用折線圖，進行個人與生活的數據分析，因應數學素養課程，結合生活情境設計。

學習單設計

　　下圖是穎群六個月的體重變化折線圖。

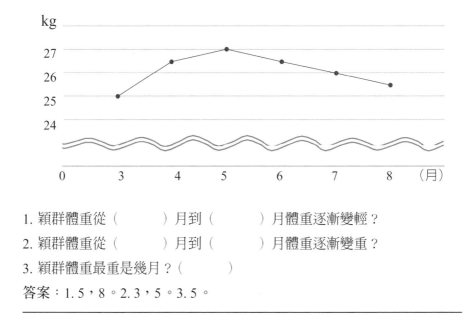

1. 穎群體重從（　　　）月到（　　　）月體重逐漸變輕？
2. 穎群體重從（　　　）月到（　　　）月體重逐漸變重？
3. 穎群體重最重是幾月？（　　　）

答案：1.5，8。2.3，5。3.5。

活動 89　折線圖 2

教學概念

　　國小四年級學生可使用折線圖，進行個人與生活的數據分析，因應數學素養課程，結合生活情境設計。

學習單設計

　　下圖是王先生今年上半年每月收入與支出的折線圖，看圖回答問題。

（千元）

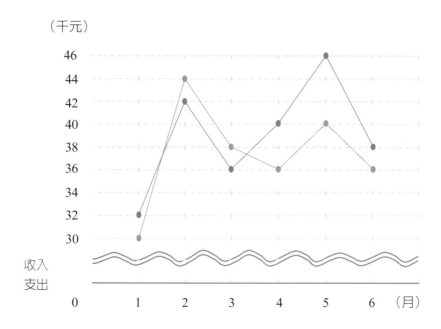

1. 收入金額最高是哪一個月分？（　　　）

2. 支出金額最高是哪一個月分？（　　　）

3. 支出大於收入月分是哪幾個月分？（　　　）

4. 王先生的上半年總收入和總支出的金額，哪一個比較多？相差多少？
   （　　　）

　　收入：32 + 42 + 36 + 40 + 46 + 38 = 234

　　支出：30 + 44 + 38 + 36 + 40 + 36 = 224

　　234 − 224 = 10（千元）

答案：1. 5 月。2. 2 月。3. 2、3 月。4. 收入較多，多 10,000 元。

活動 90　圓形圖

教學概念

　　國小五年級學生可使用圓形圖，因應數學素養課程，結合生活情境設計。

學習單設計

鴻展電器行，各項電器銷量圓形圖

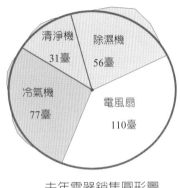

去年電器銷售圓形圖　　　　　今年電器銷售圓形圖

1. 去年到今年哪一種電器銷售是減少的？（　　　）
2. 去年與今年最暢銷的電器是？（　　　）、（　　　）
3. 去年到今年，哪一項電器銷量增加最多？（　　　）
4. 清淨機銷售量增加，你覺得原因為何？（　　　）

答案：1. 電風扇。2. 電風扇、冷氣機。3. 清淨機。4. 疫情影響。

---

4. 五年級

　　活動 91 為製作長條圖與折線圖，學生可蒐集班上同學資料，使用長條圖、折線圖、圓形圖等統計圖形。

活動 91　製作長條圖與折線圖

教學概念

　　五年級學生需製作長條圖與折線圖，可蒐集班上同學資料，以每 4 至 6 位同學為一組，將所有資料用圖表的呈現方式，你可使用長條圖、折線圖、圓形圖等來表示你們這一組的資料特性。

學習單設計：五年一班學生基本資料統計表

項目	陳○衫					
1.你有多高						
2.你有多重						
3.你一天看電視多久						
4.你出生在幾月						
5.你最喜歡做的事						
6.你有幾個兄弟姐妹						
7.你最喜歡的卡通人物						
8.你最喜歡同學的座號						
9.你一個月出去玩的次數						
10.你最喜歡上的課						
11.你一週有多少零用錢						
12.你一個禮拜看幾本書						

　　學童可經由上述的活動，如身高、體重、看電視時間、最喜歡同學的座號等項目均適合長條圖或折線圖。學童嘗試做完 12 種圖表之後，教師可再請學童繪製全班的表格，展示於公布欄，可讓學童看到每組同學所繪製的成果。

5. 六年級

　　活動 92 為製作圓形圖，學生可結合百分率與圓心角概念，建立圓形圖的完整概念。

活動 92　製作圓形圖

教學概念

　　國小六年級學生可使用圓形圖，因應數學素養課程，結合百分率與圓

心角,與生活情境結合。

學習單設計

　　下表是小衫班上數學考試分數統計表,請完成下表,並畫出圓形圖。

分數組別	人數(人)	百分率	圓心角
91～100分	2		
81～90分	12		
71～80分	4		
61～70分	8		
60分以下	6		
合計			

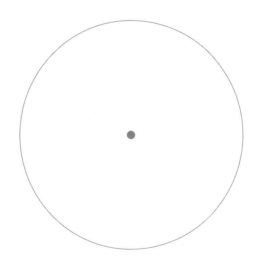

答案:

分數組別	人數(人)	百分率	圓心角
91～100分	2	6.25%	22.5
81～90分	12	37.5%	135
71～80分	4	12.5%	45

分數組別	人數（人）	百分率	圓心角
61～70分	8	25%	90
60分以下	6	18.75%	67.5
合計	32	100%	360

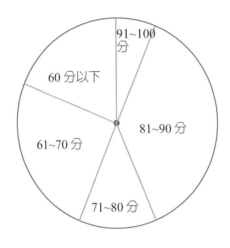

6. 七年級

活動 93 為莖葉圖，學生可使用莖葉圖，表現全班的分數分布情形。

活動 93 　莖葉圖（stem-and-leaf plots）

教學概念

七年級學生應學習莖葉圖，是長條圖另一種的表示法，是很普遍的表現資料分布的表現方式。特性即是將所有的數字資料直接呈現於圖表中，例如五年級甲班所有同學，男生與女生的數學分數如下：

座號	分數	性別	座號	分數	性別
1	42	男	14	63	女
2	56	男	15	55	女
3	67	男	16	77	女
4	87	男	17	54	女
5	32	男	18	87	女
6	53	男	19	32	女
7	65	男	20	46	女
8	66	男	21	76	女
9	82	男	22	54	女
10	92	男	23	88	女
11	87	男	24	90	女
12	76	男	25	45	女
13	64	男	26	78	女
			27	82	女

莖葉圖如下表所示：

全班莖葉圖		男生莖葉圖		女生莖葉圖	
十位	個位	十位	個位	十位	個位
3	22	3	2	3	2
4	256	4	2	4	56
5	34456	5	36	5	445
6	34567	6	4567	6	3
7	6678	7	6	7	678
8	227778	8	277	8	278
9	02	9	2	9	0

7. 九年級

　　活動 94 為盒狀圖，是一種表現四分數的表示法，學生需理解四分位數的計算概念，以理解數據分布的概念。

　　活動 95 為集中量數－平均數的概念，學生需理解集中量數可有三種類型，一是平均數，二是中位數，最後是眾數，這三種集中量數的適用情況。

　　活動 96 為加權平均數，特點在於數據中每筆資料的貢獻度不同，有些筆數資料比其他的資料更為重要，需要加權，與活動 95，同學需理解使用情境的不同。

　　活動 97 為集中量數－中位數的概念，學生需理解中位數的優勢為何，理解中位數的使用。

　　活動 98 為集中量數－眾數的概念，眾數即是發生最多次的數字，這些數字所代表的數。學生需理解眾數的使用時機。

　　活動 99 為變異量數，變異量數是用來表示資料型態分散情況的指標，學生需理解變異量數過大與過小所形成的差異。常見的變異量數有全距、離均差的平方和、變異數與四分差。

　　活動 100 為統計分配，但是介紹統計分配是重要的觀念，如單一分配、常態分配等。

　　活動 101 為相關圖形，學生可學習完全正相關、完全負相關與零相關的概念。可連結國小的正比與反比概念。

　　活動 102 為統計圖形，學生可從生活經驗中判斷哪一個圖形較為適合。

　　活動 103 為設計統計問卷，學生可自行設計問卷，進行問卷分析。

　　活動 104 為科學的統計實驗，結合科學與統計，發現高度與距離的關係。

活動 94 盒狀圖（Box-and-whisker Plots）

教學概念

國中三年級學習盒狀圖是一種表現四分數的表示法，是一種顯示資料分散情況的統計方式。因形狀如箱子而得名。此圖除盒子之外，也常會有線條在上下四分位數之外延伸出去，像是鬍鬚，因此也稱為盒鬚圖。

若以活動 93 的數學分數，可以找出全班學生及男女學生的盒狀圖。

統計量數	全班	男生	女生
最小值（minimum）	32	32	32
下四分位數（Q1）	54	54.5	52
中位數（meidan Q2）	66	66	(63+76)/2=69.5
上四分位數（Q3）	82	(82+87)/2=84.5	83.25
最大值（maximum）	92	92	90
平均值	66.52	66.85	66.21

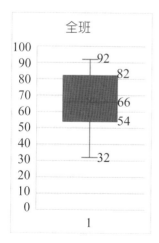
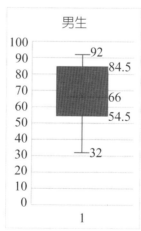
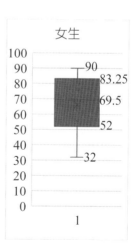

從盒狀圖的表現來看，可以看出全班中，男生和女生於數學分數的表現差異並不明顯，男生的盒狀圖有些分散，女生的盒狀圖較為集中。從全

班的平均數來看，全班、男生和女生的平均數都相當接近，均為 66 分。

要製作盒狀圖，需要找出資料中的最小值、最大值、Q1、中位數、Q3 和平均數。要如何找出這些數值，需先做出莖葉圖，若以男生的資料為例，共有 13 筆資料，最低 32 分，最高 92 分，66 分為第 7 位，就是 13 筆資料中最中間的數。

在 66 分以下者有 6 位同學，由低至高分別是 32、42、53、56、64、65。這 6 位同學的中位數為 53 分加上 56 分的一半，即 54.5 分，也就是 Q1。

在 66 分以上者也有 6 位同學，由低至高分別是 67、76、82、87、87、92。這 6 位同學的中位數為 82 分加上 87 分的一半，也就是 84.5 分，也就是 Q3。

平均數的計算則是所有的分數相加，除以總人數，如男生就是將男生的分數相加，除以 13 位同學，其值就是 66.85 分。其他如全班與女生的計算方式，和男生的統計量數是一樣的方式

活動 95　集中量數─平均數

集中量數可有三種類型，一是平均數，二是中位數，最後是眾數。這三種集中量數均考量一資料集中或是擴散的方向，也各有其適用的情況。於國小階段，會提到平均數，但在國中三年級會加入中位數與眾數的觀念。

教學概念

算術平均數是國小常用的代表分數，例如全班的體重平均多少、全班的數學分數平均多少、全班的國語分數平均多少。例如：小明班上有 10 位同學的數學分數，為 95、90、90、85、80、75、70、65、50、20，其平均數為全部同學的分數相加，再除以 10，即為平均分數。如下：

(95 + 90 + 90 + 85 + 80 + 75 + 70 + 65 + 50 + 20)/10= 720/10 = 72

算術平均數的特性是每一位同學減平均數，若是將所有差距分數相加，其和為 0，如下表所示。

分數	95	90	90	85	80	75	70	65	50	20
平均數	72	72	72	72	72	72	72	72	72	72
離均差	23	18	18	13	8	3	-2	-7	-22	-52

離均差即為與平均數的差距；相加之後為 0：

23 + 18 + 18 + 13 + 8 + 3 – 2 – 7 – 22 – 52 = 0

平均數的使用在生活上相當普遍，例如車商在廣告中會介紹車子多省油，平均油耗為一公升 15 公里等。在生活中，亦可請學生找出其他能看到的平均數，以利在生活上的應用。

活動 96　加權平均數

教學概念

加權平均數與平均數類似，其特點在於數據中每筆資料的貢獻度不同，有些筆數資料比其他的資料更為重要。加權平均數的概念在描述統計學中具有重要的意義，如果所有資料的權重相同，則加權平均數與平均數相同。

若一間學校的甲、乙兩班，甲班有 10 名學生，乙班有 20 名學生，在數學測驗中兩班的成績分別為：

甲班 = 61，64，65，68，72，76，79，81，85，93

乙班 = 56，57，63，67，68，70，72，78，79，81
　　　82，86，89，91，92，93，93，94，95，97

從以上數據可以得出，甲班的平均數是 74.4，乙班的平均數是 80.15。而 74.4 和 80.15 的平均數是 77.275，即兩個班級平均數相加後的平均值。然而，這樣的平均值並沒有考慮到兩個班級學生不同的數量，所以 77.275 這個平均值並不夠客觀，因此應該考慮班級人數作為權重來計算兩個班級的平均，這樣的方法稱為加權平均數：

$$加權平均數 = (74.4 \times 10 + 80.15 \times 20)/30 = 78.23$$

活動 97　集中量數—中位數

教學概念

中位數是另一種代表分數的使用，也就是將數字由高到低，取中間的數來作代表。若以上述的例子中，可以發現每位同學與平均數的差距是 2 分到 23 分，只有一位同學特別高，是 52 分。這時若用中位數的方法，將第 5 位與第 6 位同學的分數相加除以 2，就是中位數。

如 95、90、90、85、80、75、70、65、50、20，其第 5 位是 80，第 6 位是 75，兩位相加是 (80 + 75)/2=77.5，所以 77.5 就是這 10 位同學的中位數。

中位數有別於算術平均數，可避免分數過高或過低所帶來的誤差，有時全班算術平均數可能因為特定學生，而讓全班分數產生誤差，中位數可避免這樣的問題。但是為了避免分數較低的學生帶來的誤差，也有另一種方法，就是不算 20 分的學生，再算一次算術平均數。

如 (95 + 90 + 90 + 85 + 80 + 75 + 70 + 65 + 50)/9= 700/9=77.78

再算一次算術平均數的結果，可發現中位數與再算一次平均的結果相當接近，如 77.5 與 77.78。

活動 98　集中量數─眾數

教學概念

眾數即是發生最多次的數字，這些數字所代表的數。如從上述的 10 個分數來看，可看出兩位學生的分數是 90 分，所以眾數就是 90 分。其實上述的情況並不適用於眾數，因為很多數字只出現一次或是兩次。

若是考量一般學生參與社團的分布，如下表所示。以參與人數來看，最可以代表這個班的社團，即為樂團，因為樂團的參與人數最多。

社團名稱	桌球	樂團	直排輪	美術	街舞
人數	5	7	2	3	2

從上面的集中量數來看，學生應要能判斷何時可使用算術平均數、加權平均數、中位數與眾數，以找出最能代表資料型態的方法。

活動 99　變異量數

教學概念

變異量數是用來表示資料型態分散情況的指標，該數值越大，表示資料分散情況越嚴重；反之，該數值越小，則表示團體分散情況越不嚴重。常見的變異量數有全距、離均差的平方和、變異數與四分差。

1. 全距：全距是在描述資料型態分散情形中最為簡單、粗略和籠統的一種統計指標。全距的意義是指團體分數中最大與最小值的差距。例如全班 9 位同學的分數分別為 1、2、3、4、5、6、7、8、9 分，則全距為 9 – 1=8 分。

2. 離均差的平方和：即各項資料與平均數的差距即為離均差。從上述資料型態的分數總和為 45，45/9 = 5 即為平均數，因離均差的總和相加為 0，故離均差的平方，即將所有負數變為正數，其和才有意義。離均差

的平方和為：

$$(1-5)^2 + (2-5)^2 + (3-5)^2 + (4-5)^2 + (5-5)^2 + (6-5)^2 + (7-5)^2 + (8-5)^2$$
$$+ (9-5)^2 = 60 \circ$$

3. 變異數：即為離均差的平方和除以人數，即是離均差平方和的平均數。標準差即為變異數的平方根。故變異數為 60/9 = 6.67，標準差為 2.58。

4. 四分差：四分位距是描述統計的一種方法，以確定第三、四分位數和第一、四分位數的分別。四分差與變異數、標準差一樣，表示統計資料中各變量分散情形。四分差為 Q3 - Q1 差距的一半，即為 (Q3 - Q1)/2。依上述的統計資料，Q1 為 (2 + 3)/2 = 2.5，Q3 為 (7 + 8)/2 = 7.5，四分差為 (7.5 – 2.5)/2 = 2.5。

活動 100　統計分配

教學概念

　　於國中三年級可介紹統計的分配，但這樣的課程並未出現在美國與臺灣的課程標準，但是介紹統計分配是重要的觀念，如單一分配（uniform distribution）、常態分配（normal distribution），這些都可以用丟擲骰子的結果發現。

1. 單一分配

　　要建立學童單一分配的概念，可要求學童丟擲一個骰子 100 次，計算每點出現的次數，如下：

點數	1點	2點	3點	4點	5點	6點
次數	17	16	18	14	18	17

　　從上面的點數可看出，每點所出現的點數約為 16 至 17 次。故每點出現的機會幾乎一樣。若丟擲的點數越多，則每點出現的次數就會接近一致，這樣的分配就稱為單一分配。

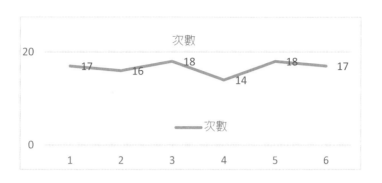

2. 常態分配

可請學童丟擲兩個骰子,以下為兩個骰子相加可能會出現的點數。

從次數分配來看,可看出兩個骰子出現 7 點的次數最高,而出現 2 點與 12 點的次數最少。若從次數分配的概念來看,所出現的次數分配就會接近常態分配。

點數	骰子排列方式
2	(1, 1)
3	(1, 2)(2, 1)
4	(1, 3)(2, 2)(3, 1)
5	(2, 3)(3, 2)(1, 4)(4, 1)
6	(1, 5)(5, 1)(2, 4)(4, 2)(3, 3)
7	(1, 6)(6, 1)(2, 5)(5, 2)(3, 4)(4, 3)
8	(2, 6)(6, 2)(3, 5)(5, 3)(4, 4)
9	(3, 6)(6, 3)(4, 5)(5, 4)
10	(4, 6)(6, 4)(5, 5)
11	(5, 6)(6, 5)
12	(6, 6)

活動 101　相關圖形

教學概念

　　國小六年級至七年級可以了解簡單相關的意義在於探討兩個變項間的關係。例如是否體重與身高有相關？是否成績越好與智力有關係？X 為級數，Y 為得分。級數越高，得分越高，稱為正比，稱為正相關；若級數越高，分數越低，為負相關。本活動說明完全正相關、完全負相關與零相關。

$$相關係數公式 = \frac{\dfrac{\Sigma(x-\bar{x})(y-\bar{y})}{n}}{\sqrt{\dfrac{\Sigma(x-\bar{x})^2}{n} \times \dfrac{\Sigma(y-\bar{y})^2}{n}}}$$

1. 完全正相關

　　以下變項 X 為時間、Y 為距離，若每增加 1 小時，距離增加 20 公里，從相關係數的計算可發現，其相關係數為 1。其計算方式如下：

變項	X	Y	$(X-\bar{X})$	$(Y-\bar{Y})$	$(X-\bar{X})^2$	$(Y-\bar{Y})^2$	$(X-\bar{X})(Y-\bar{Y})$
	1	20	−2	−40	4	1,600	80
	2	40	−1	−20	1	400	20
	3	60	0	0	0	0	0
	4	80	1	20	1	400	20
	5	100	2	40	4	1,600	80
平均數$\bar{X},\bar{Y}$	3	60					
總和	15	300	0	0	10	4,000	200

正相關圖形

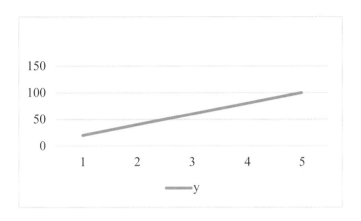

2. 完全負相關

　　若將以下變項 X 為級數、Y 為得分，若每增加一個級數，得分減少 20 分，從相關係數的計算可發現，為反比，其相關係數為 -1。其計算方式如下：

變項	X	Y	$(X-\overline{X})$	$(Y-\overline{Y})$	$(X-\overline{X})^2$	$(Y-\overline{Y})^2$	$(X-\overline{X})(Y-\overline{Y})$
	5	20	2	–40	4	1,600	–80
	4	40	1	–20	1	400	–20
	3	60	0	0	0	0	0
	2	80	–1	20	1	400	–20
	1	100	–2	40	4	1,600	–80
平均數$\overline{X}, \overline{Y}$	3	60					
總和	15	300	0	0	10	4,000	–200

負相關圖形

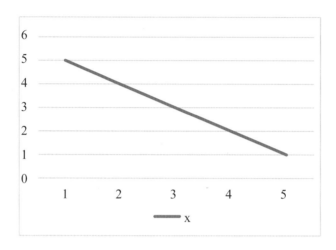

3. 零相關

　　X 為級數、Y 為得分，不論級數為何，得分均為 40 分，從相關係數的計算可發現，為零相關，其相關係數為 0。其計算方式如下：

變項	X	Y	$(X-\overline{X})$	$(Y-\overline{Y})$	$(X-\overline{X})^2$	$(Y-\overline{Y})^2$	$(X-\overline{X})(Y-\overline{Y})$
	5	40	2	−20	4	400	−40
	4	40	1	−20	1	400	−20
	3	40	0	−20	0	400	0
	2	40	−1	−20	1	400	20
	1	40	−2	−20	4	400	40
平均數$\overline{X}, \overline{Y}$	3	40					
總和	15	200	0	−100	10	2,000	0

零相關圖形

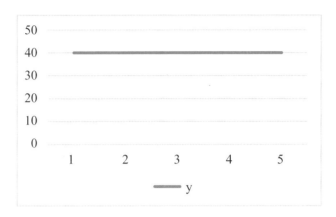

活動 102　統計圖形

教學概念

　　國小與國中學生可從生活中判斷統計圖形，將生活與統計結合。

　　下列哪一項圖案代表下列的資料型態：

1. 籃球從樓上掉到樓下的速率。
2. 用鍋子煮水，水滾後，再把冷凍的餃子放到鍋中，煮熟後，鍋子中的水溫度慢慢下降。
3. 珠寶在買賣後，終生收藏的價格。
4. 一個班的數學考試成績。

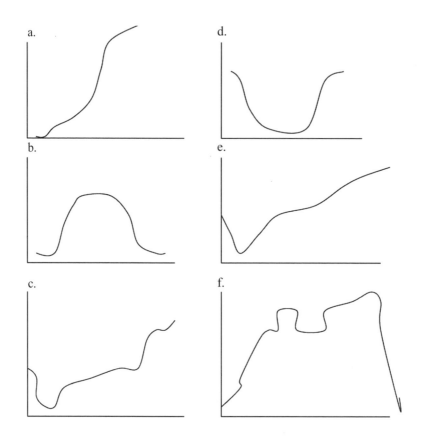

答案：1. b。2. d。3. a。4. b。

活動 103　設計統計問卷

教學概念

　　如何協助國小與國中學生蒐集統計、分析與研究資料，是美國課程於國小課程所重視的統計素養，學生可依據下列的統計問題進行簡單的分析，以了解研究的方式。

以下的問題請圈出下列的選項

（1 非常不同意，2 不同意，3 無意見，4 同意，5 非常同意）

1. 我對下雨天的感覺很好	1	2	3	4	5
2. 我對我的長相很滿意	1	2	3	4	5
3. 我對我的專長很有興趣	1	2	3	4	5
4. 我覺得這個社會很美好	1	2	3	4	5
5. 我和家人相處融洽	1	2	3	4	5
6. 我沒有很多朋友	1	2	3	4	5
7. 我覺得聯考制度很完整	1	2	3	4	5
8. 我很喜歡現在中學／小學上課方式	1	2	3	4	5

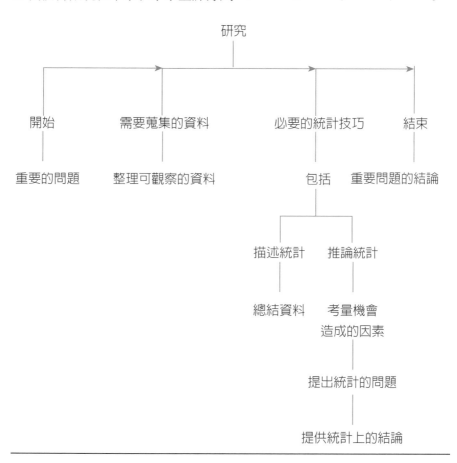

活動 104　科學的統計實驗

教學概念

　　教師可設計實驗讓學生發現高度與距離的關係，由統計的數據進行歸納產生結論。

課程設計

　　依據管子的高度、彈珠的重量與管子的長度來預測彈珠滾動的長度。

　　什麼樣的高度與重量可使彈珠滾動的距離最長？

　　步驟一：預測彈珠可以滾最遠的高度、第二高的高度等等。在表格中記錄。

　　步驟二：在每一種高度做三次，來決定其平均的長度。

　　步驟三：對不同的高度畫出平均的長度並且分析這個資料。是否這個曲線如你所預期？什麼是高度與距離的關係？

問題：

1. 從所蒐集的資料中，你能確定在什麼高度會有最長的距離嗎？你要如何檢視？

2. (a) 將圖 B 連成曲線是否有意義？為什麼？(b) 高度與長度是屬於哪一種資料？是離散量還是連續量？(c) 如果是後者，它們呈現的是離散量還是連續量？

管子高度	預測的距離	第一次	第二次	第三次	平均	確實的順序
5 cm						
10 cm						
15 cm						
20 cm						
25 cm						

預測的結果

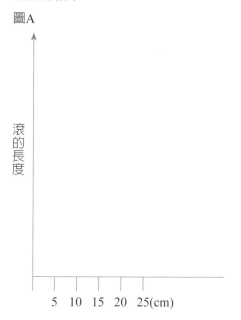

圖A

滾的長度

5　10　15　20　25(cm)

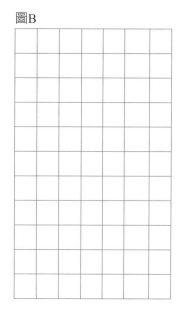

圖B

(四)機率的教學活動

　　機率的教學活動有 6 個，可分六年級與九年級的活動。

1. 六年級

　　活動 105 為模擬機率，學生可直接丟骰子或硬幣，模擬機率的發生，發現點數的出現次數，進行統計。

活動 105　模擬機率

教學概念

　　國小六年級在教機率時，為能協助國小學童理解機率概念，教師可讓學童直接感覺機率的發生，如投擲兩枚 10 元硬幣 100 次，出現兩枚都是

人像是幾次？出現兩枚都是 10 元是幾次？出現一枚人像與一枚 10 元是幾次？以下是學童模擬的次數。

情況	兩枚人像	兩枚10元	一枚人像、一枚10元
次數	20	28	52
機率	0.2	0.28	0.52

　　從以上出現的次數，還不夠接近理想中的機率會出現的次數，如果同學兩人一組，有 10 組，每組丟擲 100 次，全班共投擲 1,000 次，可能會出現如下的次數：

情況	兩枚人像	兩枚10元	一枚人像、一枚10元
次數	240	265	495
機率	0.24	0.265	0.495

　　從上面的機率分配，就可以發現出現兩枚人像與兩枚 10 元的機會各接近 1/4，出現一枚人像與一枚 10 元則接近 1/2。

---

2. 九年級

　　活動 106 為樹狀圖與表格圖，學生可學習使用樹狀圖與表格圖，以了解機率分布。

　　活動 107 為國家寶藏，為一使用生活情境，進行機率判斷的問題，為一有趣的機率問題。

　　活動 108 為發行彩券，學生可買彩券，發現中獎機會為多少。

　　活動 109 為發電機，學生可應用機率至生活，解決生活問題。

　　活動 110 為奇偶拳，學生可發現遊戲的公平性，應要如何才會使遊戲公平。

活動 106 樹狀圖與表格圖

教學概念

　　要能將機率的概念清楚地表達，國中三年級學生可以有兩種圖形表現方式，一為樹狀圖，一為表格圖，以下舉例說明。

　　阿山要利用星期六、日出外遊玩，如果氣象報告指出這兩天下雨的機會各為三分之一，試問 a. 阿山出去玩兩天都不下雨的機會是多少？b. 兩天都下雨的機會是多少？c. 一天下雨、一天不下雨的機會是多少？

1. 樹狀圖

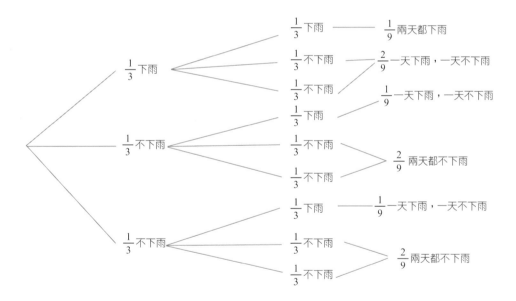

答案：a：$\frac{4}{9}$。b：$\frac{1}{9}$。c：$\frac{4}{9}$。

2. 表格圖

		週六		
週日		下雨	不下雨	不下雨
	下雨			
	不下雨			
	不下雨			

　　由表格圖亦可看出兩天都下雨、兩天都不下雨，及一天下雨與一天不下雨的機率分布。

活動 107　國家寶藏

　　假設你是一個國王，在你的國度有一個寶藏，埋藏在兩個房間裡，已經知道埋藏在房間的鑰匙放在進入房間機率比較大的那一間，你可以找到是哪一間嗎？

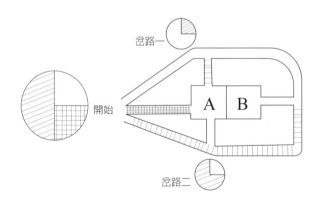

樹狀圖

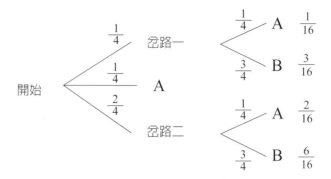

A房間為 $\frac{1}{4} + \frac{1}{16} + \frac{2}{16} = \frac{7}{16}$，B房間為 $\frac{3}{16} + \frac{6}{16} = \frac{9}{16}$。

活動 108　發行彩券

　　政府發行 1,000,000 張彩券，中獎機會是 250,000 張，若小山有 2 張，請問至少中 1 張彩券的機會是？

(1) $\frac{1}{4}$　(2) $\frac{2}{4}$　(3) $\frac{7}{16}$　(4) $\frac{9}{16}$

答案：$1 - (\frac{3}{4} \times \frac{3}{4}) = \frac{7}{16}$，全部減掉 2 張都不中的機率。

活動 109　發電機

　　有一小島有 5 座發電機，每一座發電機故障的機會是 $\frac{1}{2}$，如果梅琴要從小梅村到小疆村，電力會經過 5 座發電機組，請問梅琴所經過的路都不會停電的機會有多少？

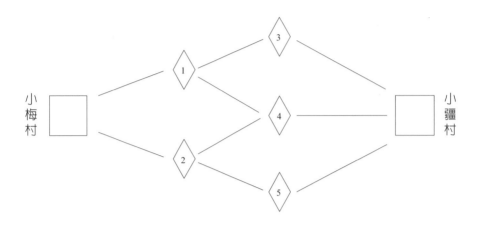

答案：1. 1-3　$\dfrac{1}{2} \times \dfrac{1}{2} = \dfrac{1}{4}$　2. 1-4　$\dfrac{1}{2} \times \dfrac{1}{2} = \dfrac{1}{4}$

　　3. 2-4　$\dfrac{1}{2} \times \dfrac{1}{2} = \dfrac{1}{4}$　4. 2-5　$\dfrac{1}{2} \times \dfrac{1}{2} = \dfrac{1}{4}$

　　$\dfrac{1}{4} + \dfrac{1}{4} + \dfrac{1}{4} + \dfrac{1}{4} = 1$，不會停電的機率是 100%。

活動 110　奇偶拳

　　兩位學童一組，即春嬌和志明，各自選擇兩人相加者為奇數或偶數，如春嬌選擇奇數，志明選擇偶數。每一位只能出 2，如一根大拇指與食指；或 1，如食指 1；或 0，如拳頭 0。請問這遊戲公平嗎？出現奇數還是偶數的機會較多？

答案：

可發現出現偶數機率為 $\frac{5}{9}$，奇數機率為 $\frac{4}{9}$。

第 5 章

幾何與空間的教學實務

　　有鑑於臺灣 108 年提出十二年國民基本教育提升數學素養的重要（教育部，2018），本章整理幾何與空間的課程標準、相關的文獻與相對應的教學活動。

一、課程標準：NCTM（2000）與教育部（2018）的比較

幾何向度	K-2 NCTM	臺灣數學能力指標
分析二維和三維幾何形體的特徵與性質，以及發展幾何關係的數學論證。	·能辨識、命名、製作、畫出、比較與排序二維和三維的形體。 ·能敘述二維和三維形體的屬性與構成的部分。 ·能探究與預測將二維和三維形體組合與拆解後的結果。	S-1-2　形體的操作：以操作活動為主。描繪、複製、拼貼、堆疊。 S-2-1　物體之幾何特徵：以操作活動為主。進行辨認與描述之活動。藉由實際物體認識簡單幾何形體（包含平面圖形與立體形體），並連結幾何概念（如長、短、大、小等）。 S-2-2　簡單幾何形體：以操作活動為主。包含平面圖形與立體形體。辨認與描述學生在意的幾何特徵並做分類。
使用直角座標系統與其他表徵系統以確定位置與說明空間關係。	·能敘述、命名與解釋在空間的相對位置及產生應用相對位置的構想。 ·能敘述、命名與解釋於行進空間的方向和	S-2-3　直尺操作：測量長度。報讀公分數。指定長度之線段作圖。

幾何向度	K-2 NCTM	臺灣數學能力指標
	距離，並能對方向和距離提供構想。 · 能發現與可用簡潔的語彙來敘述地標相對的關係，如「接近」，並可用一個直角座標系統，如地圖來說明。	
應用轉換空間與對稱以分析數學的情境。	· 辨識並能使用平移、翻轉與旋轉。 · 辨識並能做出對稱的形體。	
使用視覺圖像、空間推理與幾何模組進行解題。	· 應用空間記憶與空間圖像以產生幾何圖形的心像。 · 從不同的視覺角度以辨識與呈現形狀。 · 連結幾何及數字與測量的構想。 · 能辨識在環境中幾何形體的架構，並能指出所在的位置。	S-2-4　平面圖形的邊長：以操作活動與直尺實測為主。認識特殊幾何圖形的邊長關係。含周長的計算活動。

幾何向度	3-5 NCTM	臺灣數學能力指標
分析二維和三維幾何形體的特徵與性質,及發展幾何關係的數學論證。	·能辨識、比較與分析二維和三維空間形體的屬性,並能發展對於這些屬性的智慧。 ·根據性質來分類二維與三維的形狀,並能發展分類的定義,如三角形與角錐體。 ·對再切分、組合與變形的圖形結果能進行探究、敘述與推理。 ·探索全等與相似圖形。 ·對於幾何性質與關係能進行推測及驗證,並能發展邏輯的論證以判斷結果。	S-3-4　立體形體與展開圖:以操作活動為主。初步體驗展開圖如何黏合成立體形體。知道不同之展開圖可能黏合成同一形狀之立體形體。 S-5-2　三角形與四邊形的面積:操作活動與推理。利用切割重組,建立面積公式,並能應用。(量與實測)
使用直角座標系與其他表徵系統以確定方位與說明空間關係。	·能用一般語言與幾何術語以說明形體的位置與位移。 ·能畫出與使用直角座標系明確指出方位與說明軌跡。 ·能發現直角座標系直軸和橫軸在點與點之間的距離。	

幾何向度	3-5 NCTM	臺灣數學能力指標
應用轉換空間與對稱以分析數學的情境。	・預測與說明使用二維形體於平移、翻轉與旋轉的結果。 ・可說明一個位移與一連串的位移可證明兩個圖形全等。 ・確認與說明於二維和三維形體，及設計的線對稱與旋轉對稱。	S-4-6　平面圖形的全等：以具體操作為主。形狀大小一樣的兩圖形全等。能在平移或旋轉對稱圖形上指認全等的部分。能用平移、旋轉做全等疊合。全等圖形之對應角相等、對應邊相等。 S-5-4　線對稱：線對稱的意義。「對稱軸」、「對稱點」、「對稱邊」、「對稱角」。由操作活動知道特殊平面圖形的線對稱性質。利用線對稱做簡單幾何推理。製作或繪製線對稱圖形。
使用視覺圖像、空間推理與幾何模組進行解題。	・製作與畫出幾何形體。 ・創造與說明形體、樣式與軌跡的心像。 ・能從三維形體來辨識與形成二維形體的表徵。 ・於其他的數學範圍，如數與計算及量與實測，能使用幾何模式來解題。 ・於教室或生活所產生的問題，能確認幾何的想法與關係，並能應用至其他學科領域。	S-4-7　三角形：以邊與角的特徵認識特殊三角形並能作圖。如正三角形、等腰三角形、直角三角形、銳角三角形、鈍角三角形。 S-4-8　四邊形：以邊與角的特徵（含平行）認識特殊四邊形並能作圖。如正方形、長方形、平行四邊形、菱形、梯形。 S-5-1　三角形與四邊形的性質：操作活動與簡單推理。含三角形三內角和為180度。三角形任意兩邊和大於第三邊。平行四邊形的對邊等、對角相等。（量與實測） S-5-3　扇形：扇形的定義。「圓心角」。扇形可視為圓的一部分。將扇形與分數結合（幾分之幾圓）。能畫出指定扇形。（量與實測）

幾何向度	3-5 NCTM	臺灣數學能力指標
		S-5-5　正方體和長方體：計算正方體和長方體的體積與表面積。正方體與長方體的體積公式。（量與實測）
		S-5-6　空間中面與面的關係：以操作活動為主。生活中面與面平行或垂直的現象。正方體（長方體）中面與面的平行或垂直關係。用正方體（長方體）檢查面與面的平行與垂直。
		S-5-7　球、柱體與錐體：以操作活動為主。認識球、（直）圓柱、（直）角柱、（直）角錐、（直）圓錐。認識柱體和錐體之構成要素與展開圖。檢查柱體兩底面平行；檢查柱體側面和底面垂直，錐體側面和底面不垂直。

幾何向度	6-8 NCTM	臺灣數學能力指標
分析二維與三維幾何形體的特徵和性質，與發展幾何關係的數學論證。	·能使用二維與三維形體的性質，以正確地說明、分類、理解各種二維與三維形體的關係。 ·理解關於相似形體的角度、邊長、周長、面積與容積的關係。 ·能創造與批判幾何構想及關係，如全等、相似、畢氏定理的歸納與演繹思考的論證。	S-7-1　簡單圖形與幾何符號：點、線、線段、射線、角、三角形與其符號的介紹。 S-7-2　三視圖：立體圖形的前視圖、上視圖、左（右）視圖。立體圖形限制內嵌於 $3 \times 3 \times 3$ 的正方體且不得中空。 S-8-6　畢氏定理：畢氏定理（勾股弦定理、商高定理）的意義及其數學史；畢氏定理在生活上的應用；三邊長滿足畢氏定理的三角形必定是直角三角形。

幾何向度	6-8 NCTM	臺灣數學能力指標
		S-8-7　平面圖形的面積：正三角形的高與面積公式；箏形面積；及其相關之複合圖形的面積。
使用直角座標系與其他表徵系統以確定方位與說明空間關係。	·使用直角座標系以表現與檢視幾何形體的性質。 ·使用直角座標系以檢視特殊幾何形體，如正多邊形或平行與垂直的特性。	G-7-1　平面直角座標系：以平面直角座標系、方位距離標定位置；平面直角座標系及其相關術語（縱軸、橫軸、象限）。 S-7-3　垂直：垂直的符號；線段的中垂線；點到直線距離的意義。 S-8-3　平行：平行的意義與符號；平行線截線性質；兩平行線間的距離處處相等。 G-8-1　直角座標系上兩點距離公式：直角座標系上兩點 $A(a, b)$和$B(c, d)$的距離；生活上相關問題。
應用轉換空間與對稱以分析數學的情境。	·基於非正式的變換，如翻轉、旋轉、平移與放大、縮小，能說明形體的大小、位置與方向。 ·在形體變換時，能檢視形體的線對稱與旋轉對稱，或全等與相似的情況。 ·能使用視覺化的工具，如網路，進行呈現並解題。	S-6-1　放大與縮小：比例思考的應用。「幾倍放大圖」、「幾倍縮小圖」。知道縮放時，對應角相等，對應邊成比例。 S-6-2　解題：地圖比例尺。地圖比例尺之意義、記號與應用。地圖上兩邊長的比和實際兩邊長的比相等。 S-6-3　圓周率、圓周長、圓面積、扇形面積：用分割說明圓面積公式。求扇形弧長與面積。知道以下三個比相等：(1)圓心角：360；(2)扇形弧長：圓周長；(3)扇形面積：圓面積，但應用問題只處理(1)求弧長或面積。

幾何向度	6-8 NCTM	臺灣數學能力指標
	·使用幾何模式來呈現與解釋數量和代數的關係。 ·能確認與應用幾何的構想與關係在數學以外的領域，如藝術、科學與日常生活。	S-7-4　線對稱的性質：對稱線段等長；對稱角相等；對稱點的連線段會被對稱軸垂直平分。 S-7-5　線對稱的基本圖形：等腰三角形；正方形；菱形；箏形；正多邊形。 S-8-4　全等圖形：全等圖形的意義（兩個圖形經過平移、旋轉或翻轉，可以完全疊合）；兩個多邊形全等則其對應邊和對應角相等（反之亦然）。 S-8-5　三角形的全等性質：三角形的全等判定（SAS、SSS、ASA、AAS、RHS）；全等符號（≅）。
使用視覺圖像、空間推理與幾何模組進行解題。	·能畫出幾何形體的特定性質，如邊長的長度與角度的量測。 ·使用二維表徵與三維的具體物進行視覺分析，以進行解題，如表面積與容積。	S-6-4　柱體體積與表面積：含角柱和圓柱。利用簡單柱體，理解「柱體體積＝底面積×高」的公式。簡單複合形體體積。 S-8-8　三角形的基本性質：等腰三角形兩底角相等；非等腰三角形大角對大邊，大邊對大角；三角形兩邊和大於第三邊；外角等於其內對角和；連比的記錄；三內角為30°、60°、90°，其邊長比記錄為「2：1：$\sqrt{3}$」；三內角為45°、45°、90°，其邊長比記錄為「1：1：$\sqrt{2}$」。 S-8-9　平行四邊形的基本性質：關於平行四邊形的內角、邊、對角線等的幾何性質。

幾何向度	6-8 NCTM	臺灣數學能力指標
		S-8-10　正方形、長方形、箏形的基本性質：長方形的對角線等長且互相平分；菱形對角線互相垂直平分；箏形的其中一條對角線垂直平分另一條對角線，其逆命題亦成立。
		S-8-11　梯形的基本性質：等腰梯形的兩底角相等；等腰梯形為線對稱圖形。
		S-8-12　尺規作圖與幾何推理：複製已知的線段、圓、角、三角形；能以尺規做出指定的中垂線、角平分線、平行線、垂直線；能寫出幾何推理所依據的幾何性質。

　　幾何與空間的課程標準可分為 K-2、3-5 與 6-8 三個年段進行探討。

(一)K-2

　　於美國的課程標準，於此階段可分為 4 個向度，分別說明如下：

1. 分析二維和三維幾何形體的特徵與性質，以及發展幾何關係的數學論證，又可分為 3 個指標：

　　a. 能辨識、命名、製作、畫出、比較與排序二維和三維的形體。

　　b. 能敘述二維和三維形體的屬性與構成的部分。

　　c. 能探究與預測將二維和三維形體組合與拆解後的結果。

　　美國課程標準 1-a，對於二維與三維形體的命名、製作、畫出、比較與排序，即在於對於平面與立體圖形的概念，如三角形、四邊形與立體圖形，如正立方體、長方體等的命名與製作。

　　於 1-b 可發現學生要能敘述二維和三維形體的屬性與構造，即特徵的說明。

於 1-c 學生要能組合與拆解二維和三維形體，即需進行操作，而不是僅限於幾何圖卡的辨識。

相對於臺灣的課程標準，於 S-1-2，即於一年級學生需進行形體的操作與美國課程標準的差異在於命名，而且臺灣僅提形體，並未說明是二維還是三維形體。於 S-2-1，物體之幾何特徵。二年級學生需對幾何形體的特徵進行描述，於此說明了平面與立體圖形連結幾何概念，於此與美國課程標準所提的排序有關。於 S-2-2，簡單幾何形體。於此指標著重於學生在幾何特徵的分類，若與 S-2-1 的差別僅在於分類。

2. 使用直角座標系統與其他表徵系統以確定位置與說明空間關係
   a. 能敘述、命名與解釋在空間的相對位置及產生應用相對位置的構想。
   b. 能敘述、命名與解釋於行進空間的方向和距離，並能對方向和距離提供構想。
   c. 能發現與可用簡潔的語彙來敘述地標相對的關係，如「接近」，並可用一個直角座標系統，如地圖來說明。

   第二個向度為建立直角座標系，K 至二年級學生需解釋空間的相對位置，如座位的相對位置，如前、後、左、右的關係；再者，學生需對方向和距離，即長度的估測應用於空間概念，最後可使用地圖來說明直角座標系的關係。臺灣的課程指標僅有 S-2-3 直尺操作。但此指標偏向於量與實測的部分。值得注意的是，臺灣的指標並未將直角座標系的概念放在一至二年級，這是臺灣課程指標需要修正之處。

3. 應用轉換空間與對稱以分析數學的情境
   a. 辨識並能使用平移、翻轉與旋轉。
   b. 辨識並能做出對稱的形體。

   第三個向度為應用轉換空間與對稱以分析數學的情境，於 3-a 為能平移、翻轉與旋轉；3-b 要能做出對稱的圖形。這兩個指標可以提到要能平移、翻轉，對圖形要有對稱概念，而如何在二年級學習對稱，學生可從鏡子，或從國字來判斷哪些字有對稱的特色，如平、大、中等字，學生可以

從長方體、正方體紙盒進行翻轉、旋轉與平移。然而這二個指標，臺灣的課程指標均未列入。

4. 使用視覺圖像、空間推理與幾何模組進行解題

　　a. 應用空間記憶與空間圖像以產生幾何圖形的心像。

　　b. 從不同的視覺角度以辨識與呈現形狀。

　　c. 連結幾何及數字與測量的構想。

　　d. 能辨識在環境中幾何形體的架構，並能指出所在的位置。

　　　第四個向度為使用視覺圖像、空間推理與幾何模組進行解題，於此有四項指標。4-a 為訓練學生的空間記憶產生幾何圖形的心像，如學生可從班上的座位，說明誰的位置在何處，這是記憶的訓練，或是學生可以清楚地說明教室到校門的位置，這些都是屬於幾何圖形的心像概念。4-b 指標提出學生可以從不同的角度來看同樣的圖形，例如操場的跑道，可以從二樓、可以從一樓不同的方向來觀察。4-c 在於可以對教室的長度、寬度與高度進行測量等，了解空間的大小。4-d 為學生可說出學校所在的位置，如旁邊有哪些地標，距離郵局、便利商店或購物中心的方向等。**臺灣的課程指標並未將這些空間概念列入指標，僅有 S-2-4 平面圖形的邊長：以操作活動與直尺實測為主。認識特殊幾何圖形的邊長關係，含周長的計算活動。進行所謂的操作活動。若從數學素的培育來看，應參考美國的課程標準，將生活的空間概念納入數學指標，這才能將數學素養指標深入課程。**

(二)3-5

　　　於美國的課程標準，於此階段可分為 4 個向度，分別說明如下：

1. 分析二維和三維幾何形體的特徵與性質，及發展幾何關係的數學論證，又可分為為 5 個指標：

　　a. 能辨識、比較與分析二維和三維空間形體的屬性，並能發展對於這些屬性的智慧。

b. 根據性質來分類二維與三維的形狀，並能發展分類的定義，如三角形與角錐體。

c. 對再切分、組合與變形的圖形結果能進行探究、敘述與推理。

d. 探索全等與相似圖形。

e. 對於幾何性質與關係能進行推測及驗證，並能發展邏輯的論證以判斷結果。

　　美國課程標準 **1-a**，要求學生對於空間形體的屬性，發展這些屬性的智慧，發展智慧是一抽象的能力，即學生要自行歸納二維與三維空間的不同，如正方形與正方體的異同，而智慧則是內化的觀念，可以從生活的環境中來應用學校所學的觀念。**1-b**，即學生要能分類二維與三維形體，即分辨的能力。**1-c**，為對圖形的切割，如將正方體從對角線分為兩個圖形，或是將兩個等腰直角三角形組合為一正方形，變形即為將正方形兩邊拉長成為長方形，即為變形的概念。**1-d**，可讓學生發現全等與相似圖形，如兩圖形重疊，可證明全等，或一個正三角形放大與縮小等。**1-e** 為對幾何關係推理，如四邊等長，但四個角不相等，請問是什麼圖形？相對於臺灣課程標準，可對應的指標有 **S-3-4** 為展開圖的概念。另一對應的指標為 **S-5-2**，對於圖形的切割在於建立面積公式。其實有些圖形進行切割，僅是為了證明兩個圖形面積相同，如平行四邊形與長方形的關係。顯見臺灣對於幾何概念的指標相對較為薄弱，希望於未來的指標修正能依此向度修正。

2. 使用直角座標系與其他表徵系統以確定方位與說明空間關係

a. 能用一般語言與幾何術語以說明形體的位置與位移。

b. 能畫出與使用直角座標系明確指出方位與說明軌跡。

c. 能發現直角座標系直軸和橫軸在點與點之間的距離。

　　美國課程標準 **2-a** 至 **2-c** 都對直角座標系的方位與空間關係明定細項，顯然對於直角座標系應用於國小課程相當重視。如 **2-a** 要求學生能使用幾何術語說明形體位置與位移，如往東移三步，再往北移三步，請問在原來位置的什麼方向；**2-b** 要求學生能畫出直角座標系的位置與軌跡，最

後 2-c 要能發現直軸與橫軸在點與點的距離。臺灣的課程指標則在八年級 G-8-1 直角座標系上兩點距離公式：直角座標系上兩點 （ , ）和 （ , ）的距離；生活上相關問題。才提出直角座標的觀念，然而在國小階段則未提及直角座標系的學習指標。

3. 應用轉換空間與對稱以分析數學的情境
   a. 預測與說明使用二維形體於平移、翻轉與旋轉的結果。
   b. 可說明一個位移與一連串的位移可證明兩個圖形全等。
   c. 確認與說明於二維和三維形體，及設計的線對稱與旋轉對稱。

   美國課程標準 3-a 至 3-c 均提及有關應用轉換空間的對稱以分析數學情境。3-a 提到能預測與說明二維形體的平移、翻轉與旋轉，3-b 提及使用位移的方式可以證明兩圖形全等，3-c 則要求學生說明線對稱與旋轉對稱。相對於臺灣的指標，S-4-6 要求學生具體操作以證明兩圖形全等，臺灣仍停留在操作模式，而美國則在預測的心像層次，於 S-5-4 線對稱。臺灣的課程標準僅提到對稱軸，但未提及旋轉對稱，臺灣於此指標，認知層次需再提升。

4. 使用視覺圖像、空間推理與幾何模組進行解題
   a. 製作與畫出幾何形體。
   b. 創造與說明形體、樣式與軌跡的心像。
   c. 能從二維形體來辨識與形成三維形體的表徵。
   d. 於其他的數學範圍，如數與計算及量與實測，能使用幾何模式來解題。
   e. 於教室或生活所產生的問題，能確認幾何的想法與關係，並能應用至其他學科領域。

   美國課程標準 4-a 至 4-e 所涉及的範圍相當大。如 4-a 能製作與畫出幾何形體，於此涵蓋二維與三維的形體，如正方體、三角錐體等。4-b 要說明如何繪製的過程，來說明繪製的圖形，如何繪製正方體的展開圖、透視圖、剖面圖等。4-c 要能從二維形體來辨識與形成三維形體，如何辨識

正方形與正方體。4-d 則要能解決有關三維圖形的各種應用問題，如表面積、體積等。最後 4-e 將生活所學的幾何概念能應用至其他領域，即幾何素養的概念。

相對於臺灣的課程標準較為詳細，例如 S-4-7 臺灣的指標將所有的三角形均列出，但三角形僅為二維形體的一部分。S-4-8 將所有的四邊形均列出。S-5-1 要求學生學習三角形與四邊形的性質，特別的是將兩邊和大於第三邊的條件列出。S-5-3 列出扇形。之後，S-5-5 到 S-5-7，列出所有三維圖形的指標，如正方體與長方體、正方體與長方體的平行與垂直的關係，球、柱體與椎體的關係等。臺灣指標對於幾何素養的應用則未提及。

(三)6-8

於美國課程標準，於此階段可分為 4 個向度，分別說明如下：

1. 分析二維與三維幾何形體的特徵和性質，與發展幾何關係的數學論證
   a. 能使用二維與三維形體的性質，以正確地說明、分類、理解各種二維與三維形體的關係。
   b. 理解關於相似形體的角度、邊長、周長、面積與容積的關係。
   c. 能創造與批判幾何構想及關係，如全等、相似、畢氏定理的歸納與演繹思考的論證。

美國課程標準 1-a 需正確說明、分類和理解各種二維與三維形體的關係，如四邊形的形體的相互關係，如菱形與箏形，及四角錐體與正方形的關係等。1-b 理解相似形體的角度、周長、面積與容積的關係，如正方體的表面積、體積或容積的關係。最後 1-c 則需對全等、相似、畢氏定理的論證要能有創造與批判的能力。

相對於臺灣的指標，S-7-1 為幾何符號的介紹，S-7-2 為三視圖，即建立前視圖、上視圖、左（右）視圖，此為三維形體的關係建立，S-8-6 為畢氏定理的應用，S-8-7 為平面圖形的面積，由臺灣的指標可看出於二維與三維圖形的廣度關係和畢氏定理的論證部分，仍需加強。

2. 使用直角座標系與其他表徵系統以確定方位與說明空間關係

　　a. 使用直角座標系以表現與檢視幾何形體的性質。

　　b. 使用直角座標系以檢視特殊幾何形體，如正多邊形或平行與垂直的特性。

　　美國課程標準重視直角座標系的概念從 K-2 即開始建立，至 6-8 年段仍持續發展使用直角座標系的幾何形體性質，如 2-a；於 2-b 則檢視直角座標系於正多邊形平行與垂直的特性。

　　相對於臺灣的課程標準，直角座標只有 G-7-1 一項指標，而直角座標的使用在國中的三角函數，至高中一年級 G-10-6 廣義角的三角比，G-10-5 廣義角和極座標等均為座標系的應用，高中二年級 G-11A-1 平面向量與 G-11B-4 空間座標系，是否應思考應於國小、國中至高中規劃直角座標系的系統性概念？

3. 應用轉換空間與對稱以分析數學的情境

　　a. 基於非正式的變換，如翻轉、旋轉、平移與放大、縮小，能說明形體的大小、位置與方向。

　　b. 在形體變換時，能檢視形體的線對稱與旋轉對稱，或全等與相似的情況。

　　c. 能使用視覺化的工具，如網路，進行呈現並解題。

　　d. 使用幾何模式來呈現與解釋數量和代數的關係。

　　e. 能確認與應用幾何的構想與關係在數學以外的領域，如藝術、科學與日常生活。

　　美國課程標準於 3-a 至 3-e 五項指標均在進行圖形的轉換，如翻轉、旋轉、平移與放大、縮小、線對稱與旋轉對稱。同時能應用網路工具，如圖形軟體來解題，能使用幾何模式來解釋數與代數的關係，如二次函數圖形的開口向上或向下等，最後能將幾何概念應用於生活與其他領域。

　　相對於臺灣的指標則較為細部，如 S-6-1 放大與縮小；S-6-2 解題：地圖比例尺；S-6-3 圓周率、圓周長、圓面積、扇形面積；S-7-4 線對稱的

性質；**S-7-5 線對稱的基本圖形**；**S-8-4 全等圖形**；**S-8-5 三角形的全等性質等**，這些概念都涵蓋於美國課程標準的範圍內。**臺灣在實踐數學素養的內涵時，應如美國課程標準，將幾何的素養明定於指標內容，如能應用網路軟體解決幾何問題，將幾何問題應用於生活。**

4. 使用視覺圖像、空間推理與幾何模組進行解題

　　a. 能畫出幾何形體的特定性質，如邊長的長度與角度的量測。

　　b. 使用二維表徵與三維的具體物進行視覺分析，以進行解題，如表面積與容積。

　　美國課程標準於 4-a 與 4-b 要求學生能畫出幾何形體的性質及解決表面積與容積問題，此部分於臺灣的指標如 S-6-4 柱體體積與表面積；**S-8-8 三角形的基本性質**；**S-8-9 平行四邊形的基本性質**；**S-8-10 正方形、長方形、箏形的基本性質**；**S-8-11 梯形的基本性質**；**S-8-12 尺規作圖與幾何推理等，臺灣的課程標準規劃較為明確。**

二、幾何與空間的學習

　　108 年課綱（教育部，2018）將數學領域分為「數與量」、「空間與形狀」、「座標幾何」、「關係」、「代數」、「函數」、「資料與不確定性」等七大主題。圖形和空間與座標幾何為其中的兩項，由前一節的課程標準可看出幾何與空間的重要性。NCTM（1989）對於學生從學校的幾何課程可學習如何說明、理解、感受真實的幾何世界。

　　教師若在幾何教學的過程，適當使用教具作為教學的輔助工具，讓學生透過實體教具的操作與觀察，能夠使學生獲得更好學習成效（Van den Heuvel-Panhuizen & Buys, 2008）。教師在教學的過程中，透過可具體操作的教具給予學生操弄經驗，能夠顯著提升學生學習內容的保留性（毛銘覬等，2010）。

　　關於國小學童在幾何表現的發展，有研究顯示國小中、高年級時，學

生在幾何與空間能力的表現上，已逐漸到了適合發展的階段（曹雅玲等，2008）。

Clements 與 Battista（1992）指出，幾何提供我們如何去解釋與反映外在物理環境的一種方法，可作爲學習其他數學和科學的工具。並且，加強幾何的空間思考，亦有助於培養高層次的數學創造能力。以下提出 Piaget 與 Inhelder（1967）及 Van Hiele（1986）幾何層次的學習概念。

(一)Piaget 與 Inhelder（1967）的幾何概念層次

Piaget 與 Inhelder（1967）提出幾何概念的階段性，可分爲五層次：

第零層次爲三歲以下，幼兒在第零層次階段的表現是沒有目的地塗鴉。

第一層次爲三至四歲，此層次幼兒已能區辨封閉圖形與非封閉圖形，能根據所看到的封閉圖形或是非封閉圖形，畫出不同類型的圖。

第二層次爲四至六歲，此層次幼兒已能區辨屬於直線圖形與曲線圖形，後期更能清楚分辨圖形之不同，並畫出圖形的不同，慢慢發展從圖形的特徵畫出圖形，例如：正確地畫出正方形和長方形。

第三層次爲六至七歲，此層次幼兒已能知覺到幾何圖形的性質，例如：能正確地複製正方形，且知道正方形的邊是直的。

第四層次約十歲幼兒，此層次會以邏輯思考來辨識圖形，例如：圖形的角度與直線等特徵。如下表所示：

Piaget 與 Inhelder（1967）概念層次

層次	概念
第零層次（三歲以下）	幼兒爲沒有目的地塗鴉。
第一層次（三至四歲）	能區辨封閉圖形與非封閉圖形，畫出所看到的封閉圖形或非封閉圖形。

層次	概念
第二層次（四至六歲）	已能區辨屬於直線圖形與曲線圖形，後期能更清楚分辨圖形之不同，並畫出圖形的不同，慢慢發展從圖形的特徵畫出圖形，例如：正確地畫出正方形和長方形。
第三層次（六至七歲）	已能知覺到幾何圖形的性質，例如：能正確地複製正方形，且知道正方形的邊是直的。
第四層次（約十歲）	會以邏輯思考來辨識圖形，例如：圖形的角度與直線等特徵。

(二)Van Hiele 的幾何學習層次

Van Hiele（1986）指出，每個人的思考層次是循序漸進的，學習者若想達到特定的幾何思考層次，則必須先了解前一層思考層次的概念。而思考層次的發展會因為個體所接受的教學與學習過程而有所影響，各層次與年齡不一定相關。

1. 視覺期

在這階段屬於基本層次，學生能夠辨認圖形外觀，藉由物體的圖形來引發內心中的形象來加以辨認。但學生不了解物體與圖形的性質，只是藉由自己的觀點與洞察來辨認形體，而不是透過推論的方式去判斷。

2. 分析期

在這階段屬於分析層次，學生能藉由物體的性質來分辨，他們能辨認和命名幾何形體的特性。但學生無法理解幾何形體與其特性間的關係。面對幾何形體時，學生能說出他所知道的所有特性。

3. 非形式演繹期

在這階段屬於抽象層次，此階段的學生能夠分辨幾何概念的充分條件與必要條件，他們能夠理解抽象定義，並藉由說明形體的內部關係來加以分辨幾何形體。

4. 形式演繹期

在這個階段的學童能利用演繹邏輯證明定理，而不僅是單純地記憶公式，並且建立相關定理間的網絡結構。但無法了解演繹系統間的關係。此時，學童可以在一個公設系統中建立幾何理論。

5. 嚴密期

在這個階段的學習者能有系統且嚴謹地建立圖形定理，也可以在不同公理系統中建立定理，並且分析、比較這些系統的特性。但一般學習者較難達到此階段，僅具理論上的價值。

(三) 幾何課程與科技

數學教學運用科技輔助學習的方式漸漸普遍，電腦軟體可以幫助幾何教學，能夠讓學生透過建構立體圖形、翻轉圖形與觀看圖形等不同視角，了解立體幾何中難以理解的概念（Baki et. al., 2011）。藉由科技來輔助數學教學，可將抽象的教學概念視覺化、具體化與多樣化的呈現，幫助學習者更容易地理解教學內容，進而提升學習者的學習動機與成效（Reimer & Moyer, 2005; Li & Ma, 2010）。

科技輔助教學可用於立體圖形，如透視圖、翻轉圖形、體積概念、展開圖等。國內已有整合操作實體教具與電腦虛擬教材的學習活動，能夠有效提升體積計數的學習成效，如楊凱翔等（2014）。未來如何透過資訊科技的輔助，將虛擬教材的優勢結合於實體教具，提供學生實際操弄真實物件的經驗，已是教育科技發展的新趨勢。

若能應用科技融於幾何教學，將幾何單元中難以理解、不易呈現的學習內容，以虛擬資訊的方式附加在真實的教具上，有助於學生了解幾何學習中的抽象概念，而這種將虛境與實境相互融合的技術，已經衍生出許多新型態的教學應用模式（Cuendet et. al., 2013; Billinghurst, 2002）。

三、幾何與空間的教學

　　幾何與空間的教學活動可從一年級到高中二年級，本章所提的教學活動，將依年級爲層次僅限於國小一至六年級。

(一)幾何與空間的教學活動階層

一年級

　　活動 111：認識方位

　　活動 112：拼出圖形

　　活動 113：圖形迷宮

　　活動 114：二維圖形堆疊 1

　　活動 115：二維圖形堆疊 2

　　活動 116：生活立體圖形

二年級

　　活動 117：製作二維圖形—
　　　　　　　三角形

　　活動 118：辨識二維圖形

　　活動 119：辨識二維圖形的
　　　　　　　特徵

　　活動 120：辨識三維圖形的
　　　　　　　特徵

三年級

　　活動 121：辨識正方體展開
　　　　　　　圖

　　活動 122：正方體展開圖的
　　　　　　　應用

　　活動 123：五方連塊

四年級

　　活動 124：七巧板

　　活動 125：推理四邊形

　　活動 126：四邊形的特徵 1

　　活動 127：四邊形的特徵 2

　　活動 128：四邊形家族的關係

　　活動 129：四邊形的面積

五年級

　　活動 130：不能成爲三角形的理由

　　活動 131：三角形內角和 180 度

　　活動 132：找圓周率（π）

六年級

　　活動 133：錐體展開圖

　　活動 134：正立方體的中心旋轉軸

　　活動 135：柏拉圖的正多面體

　　活動 136：正立方體透視圖

　　活動 137：對稱圖形的翻轉

　　活動 138：畫出點對稱圖形

　　活動 139：圖形的平移

(二) 幾何與空間的教學活動

以下依年級區分幾何與空間的教學活動，分別說明。

1. 一年級

於一年級有 6 個教學活動，以下分述之。

活動 111 為認識方位，學生需分辨東、西、南、北四個方位。

活動 112 為拼出圖形，學生需使用六形六色教具，理解圖形組合與拆解過程。

活動 113 為圖形迷宮，學生可辨識圖形順序的特性，解決迷宮問題。

活動 114 為二維圖形堆疊 1，學生可使用三角形堆疊出不同的圖形。

活動 115 為二維圖形堆疊 2，學生可使用重複圖形堆疊出不同的圖形。

活動 116 為生活立體圖形，學生可連結立體圖形與生活的圖形。

活動 111　認識方位

教學概念

國小一年級於學生需由地圖方位，辨識東、西、南、北，並說明走多少單位。

學習單設計

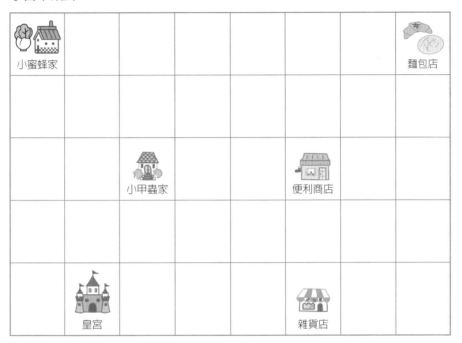

 小蜜蜂從家中出發，要走到雜貨店，你可以怎麼走呢？

 小蜜蜂從家中出發，途中要經過小甲蟲家與皇宮，再到便利商店，你可以怎麼走呢？

 如果你是小蜜蜂，你可以出一個題目讓旁邊的同學想一想嗎？

參考答案：

1. 向東走 5 格，向南走 4 格。

2. 向南走 4 格，向東走 1 格，先到皇宮；再往北走 2 格，向東走 1 格到小甲蟲家；再往東走 3 格到便利商店。

3. 小蜜蜂從雜貨店回家，中間要經過麵包店與小甲蟲家，要怎麼走呢？

活動 112 拼出圖形

教學概念

　　國小一年級學生在可使用六形六色的教具，拼出圖形，理解圖形組合與拆解的結果。

教具使用

　　六形六色

名稱	正六邊形	梯形	正方形	正三角形	菱形	菱形
圖案	⬡	▱	◻	△	◆	◇

　　六形代表三角形、兩種不同的菱形、正方形、梯形與正六邊形，此六種圖形分別有不同的顏色，故爲六形六色，本教具的使用爲幼兒至國小常見的形狀教具。

學習單設計

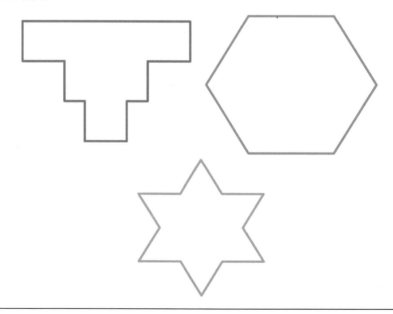

活動 113　圖形迷宮

教學概念

　　國小一年級於二維圖形辨識不僅限於長方形、正方形等圖形，也存在於生活中其他的圖像，設計在圖形的順序辨識，使用較為趣味的方式結合方位，解決問題。

學習單設計

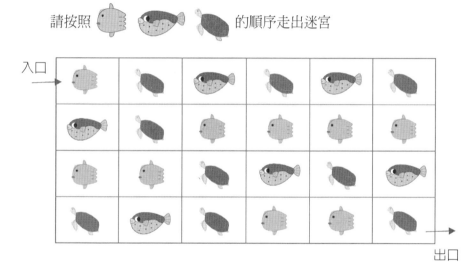

答案：

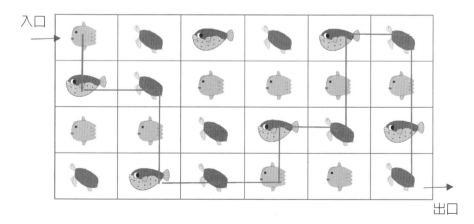

活動 114　二維圖形堆疊 1

教學概念

　　國小一年級可使用重複圖形堆疊成不同的圖形。

學習單設計

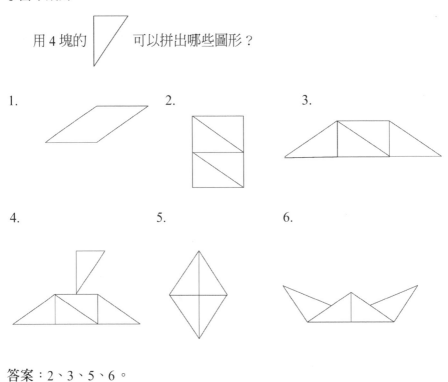

答案：2、3、5、6。

活動 115　二維圖形堆疊 2

教學概念

　　國小一年級可使用重複圖形堆疊成不同的圖形。

學習單設計

1.

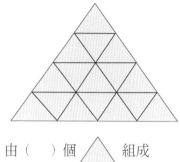

由（　）個 組成

2.

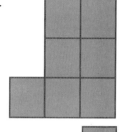

由（　）個 組成

3.

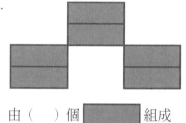

由（　）個 組成

4.

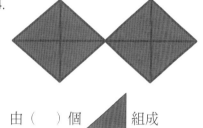

由（　）個 組成

答案：1. 16。2. 7。3. 6。4. 8。

活動 116　生活立體圖形

教學概念

國小一年級可連結立體圖形與生活的物品。

學習單設計

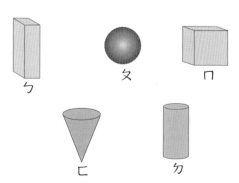

1. 長得像冰淇淋甜筒的是（　　）。
2. 籃球長得像（　　）。
3. 裝水的寶特瓶長得像（　　）。
4. 魔術方塊長得像（　　）。
5. 哪些物品有圓形？（　　）
6. 哪些可以往上堆疊？（　　）

答案：1. ㄈ。2. ㄆ。3. ㄉ。4. ㄇ。5. ㄆ、ㄈ。6. ㄅ、ㄇ、ㄉ。

---

2. 二年級

於二年級有 4 個教學活動，以下分述之。

活動 117 為製作二維圖形—三角形，學生可使用扣條製作不同的三角形、正方形、長方形。

活動 118 為辨識二維圖形，學生可辨識三角形、四邊形與五邊形的特徵。

活動 119 為辨識二維圖形的特徵，學生可辨識不同邊形的特徵。

活動 120 為辨識三維圖形的特徵，學生可辨識長方體與正方體的特徵。

活動 117　製作二維圖形—三角形

教學概念

國小二年級學生需製作二維圖形，經由操作活動製作不同大小的三角形、正方形、長方形等不同的圖形，使學生認識這些圖形的屬性與構成。

教具使用

扣條

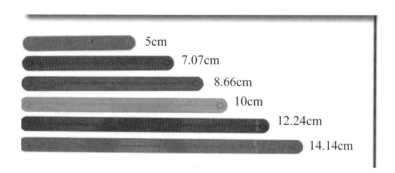

　　扣條為幾何圖形的教具，可以用來製作幾何圖形。扣條有六種顏色，橘色為 5cm，紫色為 7.07cm，綠色為 8.66cm，黃色為 10cm，藍色為 12.24cm，紅色為 14.14cm。

設計原理

　　扣條的六種長度設計原理來自於兩種特殊直角三角形，如 1. 30-60-90 度的特殊角三角形，其邊長比為 $1：\sqrt{3}：2$。2. 為等腰直角三角形，邊長比為 $1：1：\sqrt{2}$

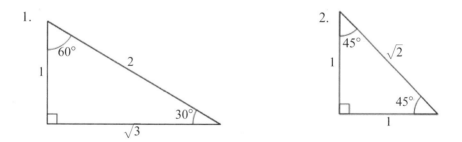

　　舉例來說，以第一個三角形為例，當橘色扣條為 5cm 時，黃色扣條為 10cm，則另一股長為 $5×\sqrt{3}=8.66$，即為綠色扣條的長度。

　　再者，以第二個三角形為例，若橘色扣條為 5cm 時，則斜邊為 $5×\sqrt{2}=7.07$，即為紫色扣條的長度。

　　同理，若以第一個三角形，以黃色扣條為 10cm，則 $10×\sqrt{2}$

=14.14cm，為紅色扣條的長度。以紫色扣條為 7.07cm，7.07× $\sqrt{3}$ = 12.24cm，則為藍色扣條的長度，7.07×2 = 14.14cm，則為紅色扣條的長度。所以紫色、藍色與紅色扣條可以形成第一種三角形。

　　請同學使用扣條做出不同的三角形。

　　請同學可依角度與邊長分類。

　　角度：直角三角形、鈍角三角形與銳角三角形。

　　邊長：正三角形、等腰三角形、任意三角形（三邊不等長）。

活動 118　辨識二維圖形

教學概念

　　國小二年級學生可辨識三角形、四邊形與五邊形的特徵。

學習單設計

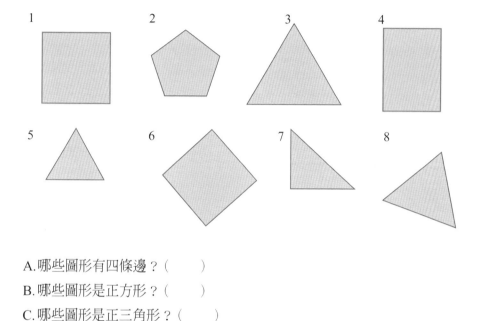

A.哪些圖形有四條邊？（　　　）

B.哪些圖形是正方形？（　　　）

C.哪些圖形是正三角形？（　　　）

答案：A. 1、4、6。B. 1、6。C. 3、5、8。

活動 119　辨識二維圖形的特徵

教學概念

　　國小二年級學生可辨識三角形、四邊形、六邊形與九邊形的特徵。

學習單設計

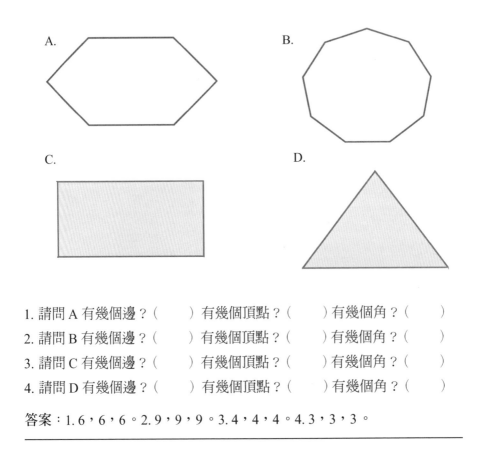

1. 請問 A 有幾個邊？（　　　）有幾個頂點？（　　　）有幾個角？（　　　）
2. 請問 B 有幾個邊？（　　　）有幾個頂點？（　　　）有幾個角？（　　　）
3. 請問 C 有幾個邊？（　　　）有幾個頂點？（　　　）有幾個角？（　　　）
4. 請問 D 有幾個邊？（　　　）有幾個頂點？（　　　）有幾個角？（　　　）

答案：1.6，6，6。2.9，9，9。3.4，4，4。4.3，3，3。

活動 120　辨識三維圖形的特徵

教學概念

國小二年級學生需辨識三維形體的特徵，如長方體與正方體。

學習單設計

	形體名稱	頂點數	邊數	面數	面的形狀

答案：長方體，8，12，6，長方形。

　　　正方體，8，12，6，正方形。

3. 三年級

　　於三年級有 3 個教學活動，以下分述之。

　　活動 121 為辨識正方體展開圖，學生需使用智慧片以進行展開圖的活動。

　　活動 122 為正方體展開圖的應用，學生可使用推理以選擇展開圖的正確展開方式。

　　活動 123 為五方連塊，學生可使用五方連塊，進行圖形的拼接。

活動 121　辨識正方體展開圖

教學概念

　　國小三年級需學習正方體展開圖，正立方體展開圖有 11 種展開方式，學生應使用教具操作。

教具使用

智慧片

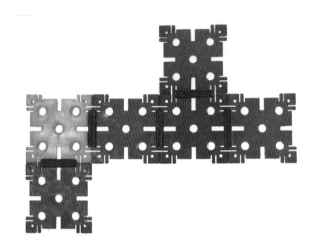

學生可使用智慧片進行 11 種展開圖的操作。

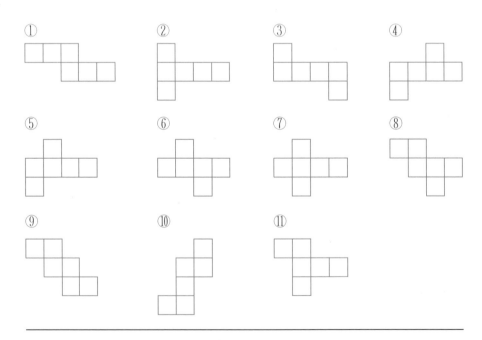

活動 122　正方體展開圖的應用

教學概念

　　三年級學生可經由智慧片的操作，理解展開圖的展開的方式，之後即可進行展開圖像的辨別。

學習單設計

　　請選出哪一項為展開後正立方體的圖形？

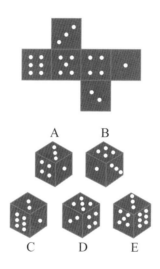

答案：E。

活動 123　五方連塊

教學概念

　　三年級學生可使用五方連塊，進行圖像組合，五分連塊共有 12 種變化圖形如下。

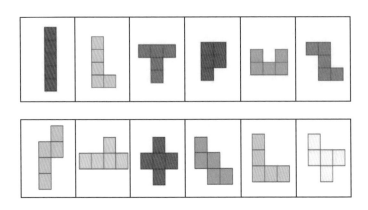

學習單設計 1：平面圖形（引自維基百科：https://zh.wikipedia.org/zh-tw/ 五格骨牌）

提問 1：請用五方連塊的 12 種圖形，拼成一個 6×10cm 的長方形。

提問 2：請用五方連塊的 12 種圖形，拼成一個 5×12cm 的長方形。

提問 3：請用五方連塊的 12 種圖形，拼成一個 4×15cm 的長方形。

提問 4：請用五方連塊的 12 種圖形，拼成一個 3×20cm 的長方形。

答案：

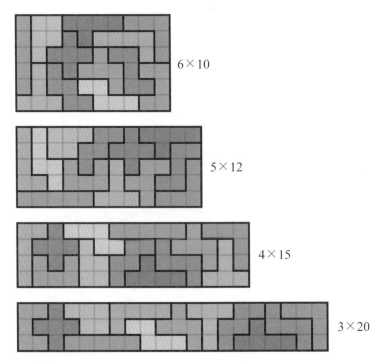

6×10

5×12

4×15

3×20

學習單設計 2：立體圖形（引自維基百科：https://zh.wikipedia.org/zh-tw/ 五格骨牌）

提問 1：請用五方連塊的 12 種圖形，拼成一個 2×3×10cm 的長方體。

提問 2：請用五方連塊的 12 種圖形，拼成一個 2×5×6cm 的長方體。

提問 3：請用五方連塊的 12 種圖形，拼成一個 3×4×5cm 的長方體。

答案：

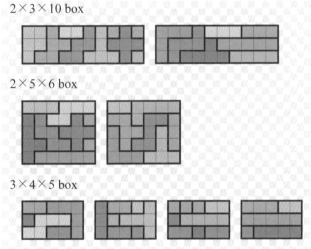

4. 四年級

於四年級有 6 個教學活動，以下分述之。

活動 124 為七巧板，學生需使用七巧板進行圖形的組合。

活動 125 為推理四邊形，學生需使用釘板，進行四邊形推理活動。

活動 126 為四邊形的特徵 1，學生需理解正方形、長方形、梯形、平行四邊形、菱形與箏形的特徵。

活動 127：四邊形的特徵 2，學生需進行正方形、長方形、梯形、平行四邊形、菱形與箏形的觀念釐清。

活動 128：四邊形家族的關係，學生需畫出文氏圖，對正方形、長方形、梯形、平行四邊形、菱形、箏形等六種圖形的從屬關係進行了解。

　　活動 129 爲四邊形的面積，學生可使用不同的方法證明正方形、長方形、梯形、平行四邊形、菱形、箏形等六種圖形的面積。

活動 124 　七巧板

教學概念

　　四年級學生可使用七巧板，進行圖像組合。七巧板共有七片，可由一個大正方形，分割爲兩個大的等腰直角三角形、一個中的等腰直角三角形、兩個小的等腰直角三角形、一個正方形與一個平形四邊形。七巧板爲中國所發明的幾何形狀，可重組七種圖形排列出不同的形狀。

緣起

　　根據近代數學史家們的研究，是於明、清兩代間由中國人所發明的；少許人士說七巧板已經發明了一千多年了。先是宋朝的燕幾圖，之後演化成明朝的蝶翅幾，再者爲清初到現代的七巧板。（取自維基百科：https://zh.wikipedia.org/zh-tw/ 七巧板）

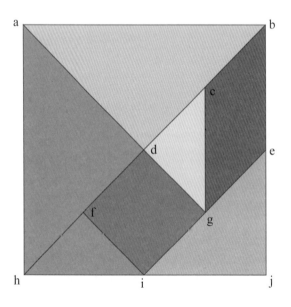

提問　請學生使用七巧板，拼出下面的組合圖形。

活動 125　推理四邊形

教學概念

　　教師可先做出一個四邊形，如梯形，請四年級學童分組依組別提問，教師只能回答是或不是。請學童找出教師所做的圖形，大小需一致，但僅限於正方形、長方形、梯形、平行四邊形、菱形、箏形等六種圖形。

教具使用

　　釘板

　　釘板的長度長為 20 公分、寬為 20 公分。學童可用釘板做出很多造型，如不同的多邊形與不同的幾何圖形等。

教學順序

步驟 1：教師先做出了一個四邊形，如梯形。然後將梯形遮住。

步驟 2：開始分組提問，找出教師所做的四邊形，需形狀大小一樣。
例如：第一組學童開始提問：「是不是正方形？」老師回答：「不是。」

步驟 3：第二組學童再提問：「是不是梯形？」老師回答：「是。」

步驟 4：第三組學童再問：「是不是等腰梯形？」老師繼續回答，直到學童答對為止。一直持續步驟 2-4。

活動規則

1. 教師只能回答是或不是，兩種答案。

2. 學生需仔細聆聽前面組別的提問與教師回答的答案，以接續提問的問題。

3. 在活動過程中，學童可以隨時猜想老師手中的圖形，一直到大小都一樣為止，方向不同沒有關係。

活動 126 四邊形的特徵 1

教學概念

四年級學童作為四邊形推理後，可以進行正方形、長方形、梯形、平

行四邊形、菱形、箏形等六種圖形的特徵。

教具使用

　釘板

提問順序

 提問 1　請找出平行四邊形的特徵？

 提問 2　請找出梯形的特徵？

等腰梯形　　　　　直角梯形　　　　　任意梯形

 提問 3　請找出長方形的特徵？

提問 4 請找出正方形的特徵？

提問 5 請找出菱形的特徵？

提問 6 請找出箏形的特徵？

答案：

1. 平行四邊形

　1. 兩組對邊平行且相等。

　2. 兩組對角相等。

　3. 兩組鄰角互補。

4. 對角線相交且互相平分。

5. 兩對角線可將平行四邊形面積分為四等份。

6. 面積為底乘高

2-1. 等腰梯形

1. 兩條對角線相等。

2. 同一底上的二內角相等。

3. 對角互補四頂點共圓。

4. 有一組對邊等長。

5. 梯形面積為（上底＋下底）乘高除 2。

6. 有一組對邊平行。

7. 有一條對稱軸。

2-2. 直角梯形

1. 梯形面積為（上底＋下底）乘高除 2。

2. 有一組對邊平行。

3. 有兩個直角。

2-3. 任意梯形

1. 梯形面積為（上底＋下底）乘高除 2。

2. 有一組對邊平行。

3. 長方形

1. 對角線相等。

2. 有四個直角。

3. 兩組對邊等長。

4. 對角線相等且互相平分。

5. 有四個直角。

6. 是平行四邊形的一種。

7. 面積為長乘寬。

8. 對角線相交可以平分為四個等積三角形。

9. 有兩條對稱軸。

4. 正方形

1. 兩組對邊平行且相等。

2. 有四個直角。

3. 對角線相等且互相垂直平分。

4. 對角線為角平分線。

5. 有一外接圓。

6. 是特殊的矩形與特殊的菱形。

7. 周長是邊長的 4 倍。

8. 面積為邊長乘邊長。

9. 兩對角線切割為四個相等的等腰直角三角形。

10.為平行四邊形的一種。

11. 有四條對稱軸。

5. 菱形

1. 兩鄰邊相等。

2. 兩對角線相互垂直且平分。

3. 兩對角線切割為四個直角三角形。

4. 有兩個鈍角三角形（非正方形）。

5. 相鄰兩角和為 180 度。

6. 有兩組對角相等。

7. 有兩個等腰三角形。

8. 兩對角線均為對稱軸。

9. 兩對角線為角平分線。

10.面積為兩對角線相乘除 2。

11. 兩組對邊平行。

6. 箏形

1. 兩對鄰邊相等。

2. 面積爲對角線相乘的一半。

3. 對角線互相垂直。

4. 有一對角線被平分。

5. 可被切割爲四個直角三角形。

6. 可被切割爲兩個鈍角三角形。

7. 長對角線爲角平分線。

8. 有一組對角相等。

9. 長對角線爲對稱軸。

10. 可切割爲兩個等腰三角形。

活動 127　四邊形的特徵 2

教學概念

　　四年級學童做完四邊形推理後，可以進行正方形、長方形、菱形、梯形、箏形、平行四邊形等六種圖形的觀念釐清。

學習單設計

圖形／特徵	正方形	長方形	菱形	梯形	箏形	平行四邊形
四個邊等長						
四個直角						
兩組對邊等長						
兩組對邊平行						
一組對邊平行						
對角線互相垂直						
對角線互相平分						

答案

圖形 / 特徵	正方形	長方形	菱形	梯形	箏形	平行四邊形
四個邊等長	✓		✓			
四個直角	✓	✓				
兩組對邊等長	✓	✓	✓			✓
兩組對邊平行	✓	✓	✓			✓
一組對邊平行				✓		
對角線互相垂直	✓		✓		✓	
對角線互相平分	✓	✓	✓			✓

活動 128　四邊形家族的關係

教學概念

　　請四年級同學說明四邊形的關係，正方形、長方形、梯形、平行四邊形、菱形、箏形等六種圖形的從屬關係。

提問順序

 提問　請同學畫出文氏圖

答案：

活動 129　四邊形的面積

教學概念

　　請四年級同學歸納與整理正方形、長方形、梯形、平行四邊形、菱形、箏形等六種圖形的面積。

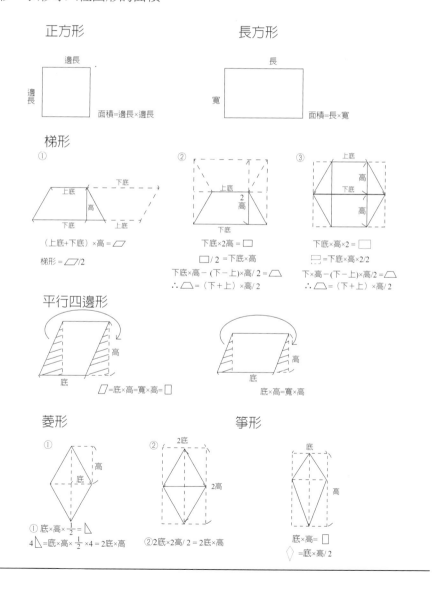

5. 五年級

於五年級有 3 個教學活動，以下分述之。

活動 130 不能成為三角形的理由，學生需使用扣條證明兩邊和小於或等於第三邊，都無法形成三角形。

活動 131 為三角形內角和 180 度，學生可使用扣條證明三角形內角和為 180 度。

活動 132 為找圓周率（π），學生可使用扣條，使用分組合作的方式尋找圓周率。

活動 130　不能成為三角形的理由

教學概念

五年級學童可使用扣條，用扣條找出哪三種扣條長度無法形成三角形。當學生實際操作，便可歸納出三角形的兩邊長小於或等於第三邊時，則無法形成三角形。

教具使用

扣條

 提問　請學生使用扣條找出不能形成三角形的七種組合。

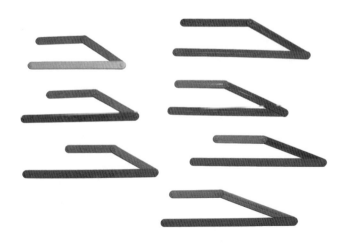

答案：

1. 橘、橘、黃　　　3. 橘、橘、紅　　　6. 橘、紫、紅

2. 橘、橘、藍　　　4. 紫、紫、紅　　　7. 橘、綠、紅

　　　　　　　　5. 橘、紫、藍

活動 131　三角形內角和 180 度

教學概念

　　五年級學童可使用扣條拼出不同的三角形，如正三角形、等腰三角形與不等邊三角形，請學童各做出 3 個，證明三角形內角和為 180 度。

教具使用

　　扣條

教學順序

　　步驟：請學生做出銳角三角形、直角三角形與鈍角三角形，以證明三內角和為 180 度。

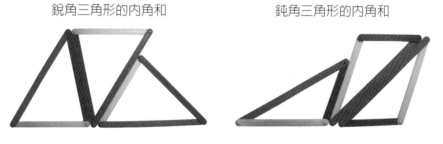

　　　　銳角三角形的內角和　　　　　　　鈍角三角形的內角和

直角三角形的內角和

活動 132 找圓周率（π）

教學概念

　　請五年級學童學童分別使用 60 根橘色、紫色、綠色、黃色、藍色與紅色扣條找出圓周率，從實作發現圓周率。

教具使用

　　扣條、皮尺（100cm）

教學順序

步驟一：教師可讓學生每組選擇 1 個顏色，每組將同樣顏色的扣條連結起來，形成一個圓形。例如：1 位同學可有 12 根橘色扣條，5 位同學即有 60 根橘色扣條。

步驟二：請同學形成圓形後，再使用皮尺，量測東西、南北、西北東南、東北西南四個方向所量出的直徑。

步驟三：他們可用這四條直徑的平均找出圓周長與直徑的比例關係，即圓周率。

以下為學生尋找圓周率的範例。

顏色	圓周長（cm）	四條直徑（cm）的平均值	預估 $\dfrac{圓周長}{直徑平均} = \pi$
橘色	60條×5cm＝300cm	96.5cm	3.11
紫色	60條×7.07cm＝424.2cm	133cm	3.189
綠色	60條×8.66cm＝519.6cm	165cm	3.149
黃色	60條×10cm＝600cm	191cm	3.141
藍色	60條×12.24cm＝734.4cm	234cm	3.138
紅色	60條×14.14cm＝848.4cm	276cm	3.074

6. 六年級

六年級的教學活動有 7 個，以下分述之。

活動 133 為錐體展開圖，學生需找出錐體與柱體的展開圖。

活動 134 為正立方體的中心旋轉軸，學生可經由具體操作，理解中心旋轉軸的概念。

活動 135 為柏拉圖的正多面體，學生需理解柏拉圖的正多面體的概念。

活動 136 為立方體透視圖，學生可使用扣條，做出正立方體與長方體透視圖。

活動 137 為對稱圖形的翻轉，學生需透過圖形推理，理解圖形翻轉的概念。

活動 138 為畫出點對稱圖形，學生可透過學習單設計，畫出點對稱圖形。

活動 139 為圖形的平移，學生需理解圖形平移，旋轉與翻轉的概念。

活動 133　錐體展開圖

教學概念

請六年級學童做出椎體、柱體與正六面體展開圖。如下所示。

學習單設計

請畫出下列圖形的展開圖。

1.五角錐體

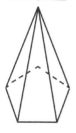

2.六角柱體

3.圓錐體

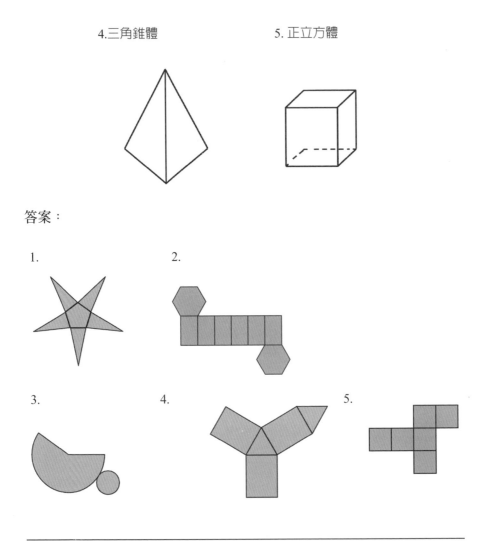

4.三角錐體　　　　　　5. 正立方體

答案：

1.　　　　　　2.

3.　　　　4.　　　　5.

活動 134 正立方體的中心旋轉軸

教學概念

　　協助六年級學生做出一個正立方體的紙盒，請學生用兩隻手的兩根指頭，按住正立方體的上、下兩端點，進行旋轉。請學生找出五種可以讓紙

盒旋轉的方式。

答案：

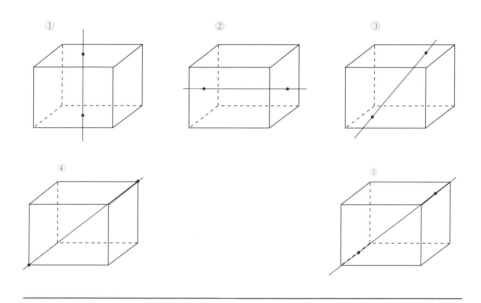

活動 **135** 柏拉圖的正多面體

學習概念

　　柏拉圖立體其實就是正多面體的別稱。指各面都是全等的正多邊形，且每一個頂點所接的面數都是一樣的凸多面體。判斷正多面體所依據的條件有三：1. 正多面體的面由正多邊形構成。2. 正多面體的各個頂角相等。3. 正多面體的各條稜邊都相等。這三個條件都必須同時滿足，否則就不是正多面體。正多面體有五個，且均為希臘人所發明。

活動 136 正立方體透視圖

名稱	圖	構面	面	邊	頂點	展開圖	對偶多面體
正四面體		正三角形	4	6	4		正四面體
立方體（正六面體）		正方形	6	12	8		正六面體
正八面體		正三角形	8	12	6		正八面體
正十二面體		正五邊形	12	30	20		正十二面體
正二十面體		正三角形	20	30	12		正二十面體

教學概念

學童可使用扣條，做出正立方體與長方體透視圖。

教具使用

扣條

長方體透視圖　　　　　　　　　正立方體透視圖

  活動 137　對稱圖形的翻轉

教學概念

學生要能應用對稱圖形概念的翻轉概念。

學習單設計

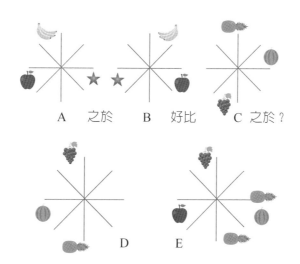

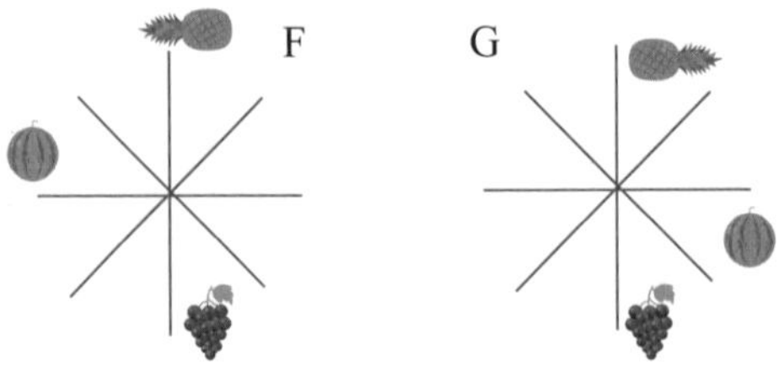

答案：F。

活動 138 畫出點對稱圖形

教學概念

六年級學生應要有畫出點對稱圖形的能力。

學習單設計

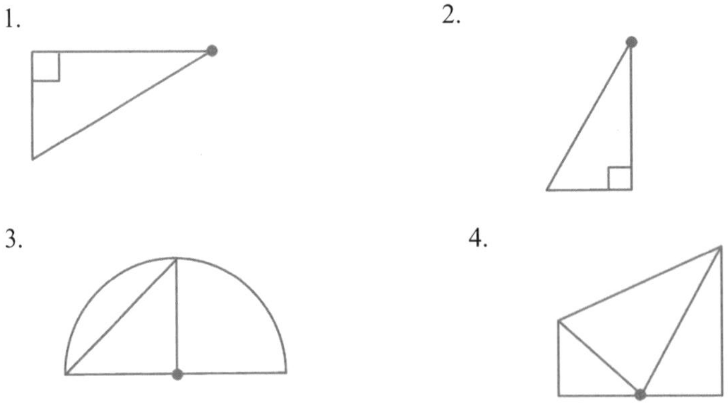

答案：

1.
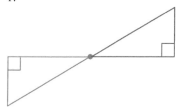

2.

3.
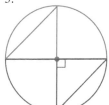

4.
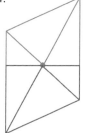

活動 139 圖形的平移

教學概念

　　六年級學生應要有平移圖形的能力。

學習單設計

　　請判斷以下圖形變化，哪些是平移、旋轉與翻轉？

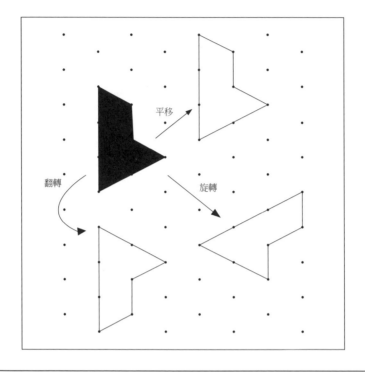

參考文獻

毛銘凱、呂長聰、黃品慈、湯中揚、劉松柏（2010）。創意教具之教學成效研究——以複合形體表面積為例。**屏東教大科學教育，32**，29-38。

朱建正（1997）。**國小數學課程的數學理論基礎**（國科會補助編號：NSC-85-2513-S-002-001）。國立臺灣大學。

何意中（1988）。國小三、四、五年級學生比例推理之研究。**花蓮師院學報，2**，387-433。

吳昭容（1996）。**先前知識對國小學童小數概念學習之影響**（未出版之博士論文）。國立臺灣大學。

林珮如（2002）。**國小學童因數解題與迷思概念之研究**（未出版之碩士論文）。國立屏東師範學院。

林陳涌（主編）（2014）。**國際數學與科學教育成就趨勢調查 2011 國家報告**。取自 http://www.sec.ntnu.edu.tw/timss2011/downloads/t1.pdf。

林福來、單維彰、李源順、鄭章華（2013）。**十二年國民基本教育數學領域綱要內容之前導研究報告**（計畫編號：NAER-102-06-A-1-02-03-1-12）。國家教育研究院。

翁秉仁（2016）。小朋友適合學機率嗎。**科學人，170**，26-27。

教育部（1993）。**國民中小學九年一貫課程數學綱要**。教育部。

教育部（2003）。**國民中小學九年一貫課程數學綱要**。教育部。

教育部（2018）。**十二年國民基本教育課程綱要：數學學習領域**。教育部。

曹宏熙（1986）。完全數。**數學傳播季刊**，10(4)，54。

曹雅玲、陳穎瑤、曾怡嘉（2008）。國小學童的空間能力之相關研究。**臺灣數學教師電子期刊，15**，18-40。

郭孟儒（2002）。**國小五年級學童小數迷思概念及其成因之研究**（未出版之碩士論文）。國立屏東師範學院。

陳永峰（1998）。**國小六年級學童小數知識之研究**（未出版之碩士論文）。國立屏東師範學院。

陳博文（1996）。**國小學童四則運算能力的研究**（未出版之碩士論文）。
　　國立中正大學。

陳標松（2002）。**國小六年級數學學習困難學生因數倍數問題解題之研究**
　　（未出版之碩士論文）。彰化師範大學。

單維彰、許哲毓、陳斐卿（2018）。以學前診測與自由擬題探討九年級學
　　生的自發性機率概念。**臺灣數學教育期刊**，5(2)，39-64。

黃國勳、劉祥通（2003）。五年級學童學習因數教材困難之探討。**科學教
　　育研究與發展季刊**，30，52-70。

黃國勳、劉祥通（2005）。撲克牌融入因數教學之創意教學行動研究。**教
　　育研究集刊**，51(1)，95-129。

楊凱翔、葉淑珍、譚寧君（2014）。建立立體心像教學活動之國小體積
　　課程設計本位研究。**國立臺灣科技大學人文社會學報**，10(3)，225-
　　252。

劉曼麗（1998）。國小數學新課程對「小數」概念的處理方式。**屏師科學
　　教育**，7(3)，41-48。

劉曼麗（2002）。**國小數學教學實踐課程開發研究──小數認識及加減部
　　分**（國科會補助編號：NSC-2511-153-011）。國立屏東師範學院。

劉曼麗（2005）。小數診斷教學研究。**科學教育學刊**，13(1)，29-52。

劉曼麗（2006）。國小學童小數概念發展。**科學教育學刊**，14(6)，663-
　　693。

劉祥通（2007）。**分數與比例問題解析──從數學提問教學的觀點**。師大
　　書苑。

蕭金土（1995）。**國小數學學習障礙學生之鑑定、學習問題診斷及學習策
　　略教學效果之研究**（未出版之博士論文）。國立政治大學。

戴久永（1979）。現代統計學的發展。**數學傳播**，3，45-54。

謝如山、潘鳳琴（2012）。情境教學於學生因數與倍數概念發展之行動研
　　究。**藝術學報**，89，347-371。

謝如山、潘鳳琴（2014）。**數學教材教法──探究式教學**。洪葉。

謝堅（1995）。因數與倍數教材的設計。**國民小學數學實驗課程教師手冊第九冊**。國家教育研究院籌備處。

魏金財（1987）。**兒童比例推力能力探究**。七十六年國小課程研究學術研討會專輯（pp. 122-138）。臺灣省國民學校教師研習會。

魏金財（1992）。**比例概念學習的電腦情境模擬設計**。中華民國第八屆科學教育學術研討會論文彙編（pp. 137-163）。國立高雄師範大學。

譚寧君（2000）。國民中小學新課程統計圖表教材分析。**國民小學數學科新數學概說（低年級）**。臺灣省國民學校教師研習會。

Baki, A., Kosa, T., & Guven, B. (2011). A comparative study of the effects of using dynamic geometry software and physical manipulatives on the spatial visualization skills of pre-service mathematics teachers. *British Journal of Educational Technology, 42*(2), 291-310.

Baroody, A. J., & Coslick, R. T. (1998). *Fostering Children's Mathematics Power: An Investigative Approach to K-8 Mathematics Instruction*. Lawrence Erlbaum Associates.

Behr, M. J., Harel, G., Post, T., & Lesh, R. (1992). Rational number, ratio, and proportion. In D. A. Grouws (Ed.), *Handbook of Research on Mathematics Teaching and Learning* (pp. 296-333). Macmillan.

Billinghurst, M. (2002). Augmented reality in education. *New Horizons for Learning, 12*(5), 1-5.

Bognar, K. & Nemetz, T. (1977). On the teaching of probability at secondary level. *Educational Studies in Mathematics, 8*, 399-404.

Clements, D. H., & Battista, M. T. (1992). Geometry and spatial reasoning. In D. A. Grouws (Ed.), *Handbook of Research on Mathematics Teaching and Learning* (pp. 420-464). Macmillan.

Cuendet, S., Bonnard, Q., Wang, S., & Lenh, S. D. (2013). Designing augmented reality for the classroom. *Computers & Education, 68*, 557-569.

D'Entremont, Y. M. (1991). *The Reconstruction of Decimal Knowledge in Young Adult*. Unpublished doctoral dissertation University of Alberta, Edmonton, Alberta.

Fuson, K. C. (1992). Research on whole number addition and subtraction. In D. A. Grouws (Ed.), *Handbook of Research on Mathematics Teaching and Learning* (pp. 243-275). Macmillan.

Gray, E. M., & Tall, D. (1993). Success and failure in mathematics: The flexible meaning of symbols as process and concept. *Mathematics Teaching, 142*, 6-10.

Gal, I. (2002). Adults' statistical literacy: Meanings, components, responsibilities. *International Statistical Review, 70*(1), 1-25.

Hawkins, A., & Kapadia, R. (1984). Children's conceptions of probability- A psychological and pedagogical review. *Educational Studies in Mathematics, 15*, 349-377.

Hiebert, J. (1992). Mathematical, cognitive, and instructional analyses of decimal fractions. In G. Leinhardt, R. Putnam, & R. A. Hattrup (Eds.), *Analysis of Arithmetic for Mathematics Teaching*, 283-322. LEA.

Heller, P., Ahlgren, A., Post, T., Behr, M., & Lesh, R. (1989). Proportional reasoning: The effect of two context variable, rate type and problem solving. *Journal for Research in Science Teaching, 26* (3), 205-220.

Hiebert, J., & Wearne, D. (1991). Fourth graders' gradual construction of decimal fractions during instruction using different physical representations. *The Elementary School Journal, 91*(4), 321-341.

Kieren, T. E. (1988). Personal knowledge of rational numbers: Its intuitive and formal development . In J. Hiebert & M. Behr (Eds.), *Number Concepts and Operations in the Middle Grades* (pp. 162-181). NCTM.

Konold, C.(1991). Understanding students' beliefs about probability. In E. von Glasersfeld (Ed.), *Radical Constructivism in Mathematics Education* (pp.

139-156). Kluwer.

Li, Q., & Ma, X. (2010). A meta-analysis of the effects of computer technology on school students' mathematics learning. *Educational Psychology Review*, *22*, 215-243.

National Council of Teachers of Mathematics (2000). *Principles and Standards for School Mathematics*. NCTM.

National Council of Teachers of Mathematics (1989). *Curriculum and Evaluation Standards for School Mathematics*. NCTM.

Reimer, K., & Moyer, P. S. (2005). Third graders learn about fractions using virtual manipulatives: A classroom study. *Journal of Computers in Mathematics and Science Teaching*, *24*(1), 5-25.

Resnick, L.B., Nesher, P., Leonard, F., Magone, M., Omanson, S., & Peled, I. (1989). Conceptual bases of arithmetic errors: The case of decimal fractions. *Journal for Research in Mathematics Education, 20*(1), 8-27.

Shaughnessy, J. M. (1992). Research in Probability and Statistics: Reflections and Directions. *Handbook of Research on Mathematics Teaching and Learning* (pp. 465-494). NCTM.

Thipkong, S. (1988). *Preservice Elementary Teacher's Misconceptions in Interpreting Units and Solving Multiplication and Division Decimal Word Problems*. Unpublished doctoral dissertation University of Georgia.

Van den Heuvel-Panhuizen, M., & Buys, K. (2008). *Young Children Learn Measurement and Geometry: A Learning-teaching Trajectory with Intermediate Attainment Targets for the Lower Grades in Primary School*. Sense.

Van de Walle, J. A., Karp K. S., & Bay-Williams, J. (2018). *Elementary and Middle School Mathematics: Teaching Developmentally* (10 Ed.). Pearson Education.

Van Hiele, P. M. (1986). *Structure and Insight: A Theory of Mathematics Education*. Academic Press.

筆記頁

筆記頁

國家圖書館出版品預行編目資料

素養導向：數學教學實務2／謝如山著. ——
初版. ——新北市：國立臺灣藝術大學；
臺北市：五南圖書出版股份有限公司，
2023.10
冊；　公分
ISBN 978-626-7141-46-5 (第2冊：平裝)

1.CST: 數學教育　2.CST: 教學設計
3.CST: 教學法　4.CST: 中小學教育

523.32　　　　　　　　　112014106

4I2B

素養導向：數學教學實務2

作　　　者 — 謝如山

發 行 人 — 鐘世凱

出版單位 — 國立臺灣藝術大學

地　　　址 — 220新北市板橋區大觀路1段59號

電　　　話 — (02)2272-2181　傳　真 (02)8965-9641

總 策 劃 — 呂允在

主　　　編 — 蔡秉衡

執行編輯 — 蔡秀琴

共同出版 — 五南圖書出版股份有限公司

責任編輯 — 唐　筠

文字校對 — 許馨尹、黃志誠

封面設計 — 姚孝慈

總 經 理 — 楊士清

總 編 輯 — 楊秀麗

副總編輯 — 張毓芬

出版經銷 — 五南圖書出版股份有限公司

地　　　址：106台北市大安區和平東路二段339號4樓

電　　　話：(02)2705-5066　傳　　真：(02)2706-6100

網　　　址：https://www.wunan.com.tw

電子郵件：wunan@wunan.com.tw

劃撥帳號：01068953

戶　　　名：五南圖書出版股份有限公司

法律顧問　林勝安律師

出版日期　2023年10月初版一刷

定　　　價　新臺幣480元

GPN：1011201086